KB211354

재가불자를 위한 "이뭣고" 수행법

청운(青雲) 스님

한국외국어대학교 영어과. 한국외국어대학교 무역대학원졸업 충남 금산 대둔산 태고사(太古寺)에 주석하신 경허(鏡虛 大禪師)의 법제자 (法弟子) 수월(1855-1928)선사의 법손 도천(11010-2011)큰스님을 은사로 득도 하였으며, 현 조계종원로이신 명선대종사에게 수계를 받았다.

현제 경기도 남양주시 평내동 선재사에 주석하고 있다.

저서로는 〈길을 묻는 나그네에게 1.2〉〈육조혜능과 『금강경』 오가해〉 〈나를 찾아가는 길〉〈매화 향기〉〈비우고 떠나기〉〈생활속의 간화선 "이뭣고" 수행법〉등이 있다.

재가불자를 위한

이 뭣고 수행법

초판 1쇄 펴낸 날 2016년 5월 10일
개정 2판 1쇄   2019년 5월 20일

지은이   청운

펴낸이   이규만
디자인   현상옥
펴낸곳   참글세상
출판등록   2009년 3월 11일(제300 – 2009 – 24호)

주소   서울시 종로구 인사동 7길 12 백상빌딩 1305호
전화   02 – 730 – 2500
팩스   02 – 723 – 5961
이메일   kyoon1003@hanmail.net

ⓒ 청운, 2019
ISBN 978-89-94781-57-0 (03220)

재가불자를 위한

"이뭣고" 수행법

청운 **青雲** 지음

참글세상

1% 나눔의 기쁨

목차

불교의 궁극목표(窮極目標)는 생사를 초탈하여 윤회의 굴레에서 벗어나 절대 자유 자재권을 얻는 성불(成佛)에 있다.

그런데 일부에서는 불교(佛敎)의 본질(本質)을 외면하고 기복(祈福)으로 약 처방전에 매달리게 하여 당당한 본래 부처로서의 삶이 아닌 종(從)노릇만 하게 하는 경우도 있다.

무엇이든 그 시대의 흐름에 따라 변해야 한다. 한 시대의 인간의 사고(思考)를 지배하는 견해(見解)나 인식(認識)의 고정관념(固定觀念)적인 틀에서 벗어나는 패러다임을 제시해야 한다.

그 대안(代案)으로 제가 불자(佛子)들이 생활 속에서 최상승법인 참선문(參禪門)에 들어와 삶속에서 소원성취는 물론 다겁생래로 지어온 업장(業障)을 녹여 금생에 생사고(生死苦)에서 벗어날 수 있는 유일한 길은 "이뭣고"로 내가 스스로 참 나를 깨달아 불조(佛祖)의 혜명(慧命)을 이어 받음으로서 성불(成佛)로 이어지게 하는 것이다.

"시심마(是甚麽)" "이뭣고"이 화두(話頭)가 순일해지면 익숙하던 중생계의 세상사는 멀어지고 생소하던 출세간사(出世間事)는 저절로 익숙해져 반야지혜에 계합(契合)하여 무명업식(無明業識)과 사량(思量)하고 계교(計巧)하는 식정(識情)의 중생 삶에서 해탈하고, 지혜광명(智慧光明)을 살려 쓰는 새로운 세계가 열리는 것이다.

소승의 은사(恩師)이신 충남 대둔산 태고사 도천당 도천 대선사(1910-2011)께서 주신 "이 몸뚱이 끌고 다니는 이것이 무엇인고?" "이뭣고"를 불자님들과 함께 하고자 지난 6개 월 간의 BTN 불교방송과 12개월간 현대불교에 기고한 내용을 정리하여 제가불자를 위한 "이뭣고" 수행법을 많은 불자님들의 보시공덕으로 재판하게 됨을 감사드린다.

일출동천홍日出東天紅이요
일락서천홍日落西天紅인데
일구탄동서一口呑東西하니
심홍자조삼천心紅自照三千이로다.

아침 해 동쪽 하늘에 붉게 뜨고

저녁 해 서쪽으로 붉게 지는데

한입에 동서를 삼켜 버리니

원각圓覺의 붉은 지혜광명이 스스로 삼천대천세계를 비추고
있네.

억!

기해년己亥年 오월伍月 청운靑雲

일대사인연
（一大事因緣）

『장아함경』(長阿含經)에

천상천하유아독존(天上天下唯我獨尊)

삼계개고아당안지(三界皆苦我當安之)라,

부처님께서 탄생하시자마자 사방으로 일곱 걸음을 걸은 뒤, 오른손은 하늘을, 왼손은 땅을 가리키며 "우주에서 인간보다 더 존엄한 것은 없다. 즉 시방세계 그대로가 자신의 전신(全身)인 부처이며, 삼계(三界)가 모두 생노병사(生老病死)의 고통에 빠져 있으니 내가 마땅히 이를 건저주리라." 하신 것이 세존(世尊)께서 사바세계에 출현(出現)하신 일대사인연(一大事因緣)이다.

또한 일곱 걸음의 의미는 6걸음은 육도윤회(六道輪廻)를, 한걸음 더 일곱 번째 걸음은 우리가 금생(今生)에 이루어야 할 열반(涅槃)의 세계를 보이신 것이다.

　부처님께서는 우리에게 생사해탈(生死解脫)의 과정을 보여주시기 위해서 도솔천 내원궁에서 호명보살(護明菩薩)로 계시다가 이 사바세계에 오신 바 없이 오셔서 왕세자로서의 사랑하는 부인 아쇼다라와 아들 라훌라를 남겨 두고 29세에 고행의 길을 택하신 것도 우리가 최상으로 추구하는 부귀영화의 무상(無常)함을 보여주신 것이다. 가섭존자가 부처님이 쌍사라수 아래에서 열반에 드신 후 일주일 만에 오셔서 "사생자부 석존이시여 어찌 열반상을 보이십니까?" 하니 금관 밖으로 발을 내 보이신 것도 생사(生死)없는 도리(道理)(곽시쌍부(槨示雙趺))인 열반상을 보이신 것이다. 부처님께서 요가수행스승인 웃다카에게 선정(禪定)을 배우고 설산에서 6년 동안 고행을 하시지만 삼매(三昧)(사마타)를 통한 지(止)에서는 마음이 고요하다가 다시 깨어나면 마음에 오온(五蘊)이 일어나 진정한 선정을 얻지 못하셨다. 결국 브라만식 수행에 한계를 느끼시고, 네란자라 강가에 오셔서 처음으로 목욕을 하시었다. 수자타 여인이 올린 유미죽을 드시고 보리수 아래서 사념처(신수심법) 출입식(出入式) 수행으로 선정에 드셔서 7일 만에 사공정(四空定)인 공무변처정(空無邊處定): 색(色)의 상(想)을 버리고 무한한 허공을 관(觀)하는 선정(禪定), 식무변처정(識無邊處定): 식(識)인 상(想)을 버리고 광대무변하다고 관하는 선정(禪定), 무소유처정(無所有處定): 심무소유(心無所有)라고 관하는 선정(禪定), 비상비비상처정(非想非非想處定): 유상(有想)을 버리고 비상(非想)도 버리는 선정(禪定)을 차례로 깨닫고 마침내 35세에 새벽에 오온

(伍蘊)중의 수(受) 상(想)에 의해 일어나는 일체소연(一切所緣)에 의한 마음의 작용을 그치도록 한 멸진정(滅盡定)에 드시어 번뇌(煩惱)의 불꽃을 지혜(智慧)로 꺼서 일체의 고뇌(苦惱)가 소멸되어 생사윤회와 미혹(迷惑)의 세계에서 해탈(解脫)한 깨달음의 세계인 열반(涅槃)을 성취하신 것을 보여 주신 것이다.

또한 부처님께서 설산에서 거지같이 입으시고, 드시고, 목욕도 하지 않으신 것은 우리에게 몸을 혹사시키는 고행(苦行)과 수행을 게을리 하는 해태심(懈怠心)의 양극단을 뛰어넘는 중도(中道)의 실상(實狀)〈相〉을 보여주시기 위한 것이었다.

『화엄경』「이세간품」(離世間品)에

미리도솔이강왕궁(未離兜率已降王宮)

미출모태도인이필(未出母胎度人已畢)이라,

"도솔천을 여의지 않으시고 정반왕궁(淨飯王宮)에 내려오시고, 마야부인 모태(母胎)에서 태어나시기 전에 중생을 다 제도해 마치셨다."함은 시공(時空)의 간격(間隔)이 없는 동시(同時)인 세계이며 우리가 본래 부처란 말씀이다.

우리가 육식경계(六識境界)로 보면 자타(自他)의 간격인 시간(時間)과 공간(空間)이 존재(存在)하지만, 오온(伍蘊)이 공(空)함을 비춰보고 육식경계로부터 내 자성(自性)자리로 되돌아서면 공간(空間)의 간격

(間隔)이 없어진 공공(空空)이고, 무시무처(無時無處)인 것이다.

그래서 여래자(如來者) 무소종래(無所從來) 역무소거(亦無所去) 고명여래(故名如來)라,

"여래(如來)란 어디로부터 온 바도 없으며 또한 가는 바도 없으므로 여래라 이름 하느니라."하신 것이다.

여래뿐이 아니라 집착(執着)이 없는 보살들도 온 곳을 고집하지 않고 머물러 있지도 않는다. 무엇이든 집착하면 마음에 때를 가지게 되어, 아무리 높은 지위에 올랐거나 재물(財物)을 많이 쌓아놓고 지식이 높고 아름다움을 뽐낸다 해도 한 세상 살다가 누구나 황천객으로 가게 되는 것이다.

우리가 윤회(輪廻)하는 것은 우리의 의식(意識)이 무상(無常)한 것인 줄 모르고 이것이 욕탐(欲貪)을 일으켜 인식(認識)의 대상으로 존재화시키기 때문이고, 또한 윤회(輪廻)의 주체는 진아(眞我)가 아니라 중생들이 무명(無明)과 욕탐(欲貪)으로 취착(取着)한 거짓된 자아(自我)인 것이다.

원오극근 송에

대상본무형(大象本無形) 지허포만유(至虛包萬有)

말후이대과(末後已大過) 면남간북두(面南看北斗)

왕궁도솔도생출태(王宮道率度生出胎) 시종일관초무거래(始終一貫初無去來)

소종멸적제근대(掃種滅迹除根帶) 화리연화처처개(火裡蓮花處處開)라,

"큰 형상은 본래부터 형체가 없는데, 지극히 먼 곳에서 만물을 포함한다.

꼴찌가 그대로 앞장을 서고 남쪽으로 얼굴을 돌려 북두칠성을 보노라.

왕궁과 도솔천과 중생제도와 태(胎)에서 나옴이 시종일관하여 애초부터 가고 옴이 없으니, 자취를 쓸어 없애고 뿌리를 뽑아버려야 불 속의 연꽃이 곳곳에서 피어나리." 하였다.

다겁생래로 이어온 생사윤회의 뿌리를 뽑을 수 있는 유일한 금강보검(金剛寶劍)이 "이뭣고" 이다.

화두
(話頭)

최초화두(最初話頭) 염화미소(拈華微笑)

부처님께서 영산회상(靈山會相)에서 연꽃을 들어 보이시자 대중 가운데 마하가섭만이 그 뜻을 알고 미소(微笑)지으니, "내가 정법(政法)을 깨달은 안목(眼目)과 열반(涅槃)을 체득(體得)한 마음은 형상(形相)이 없고 미묘(微妙)하며 진실(眞實)하고 영원(永遠)하다.

이 정법안장(正法安藏) 열반묘심(涅槃妙心) 미묘법문(微妙法門)을 마하가섭에게 부촉하노라." 하시어 교외별전(敎外別傳) 불립문자(不立文字) 언어도단(言語道斷) 심행처멸(心行處滅)로 분별심(分別心)을 끊고 마음에서 마음을 전하는 이심전심(以心傳心)으로 자신이 본래 갖추고 있는 부처의 성품을 스스로 체득하여 깨달음에 이르는 참선 수행법을 이심전심(以心傳心)으로 처음으로 전수(傳授)하셨다.

심행처멸(心行處滅)은 "말길"이 끊어진 자리에서 나타나는 반야

(般若)를 체득(體得)하는 것을 말하고, 불립문자(不立文字)는 마음 밖 육진경계(六塵境界)로 부터 내안의 자성불(自性佛)로 회향(回向)하는 것이며, 중생들은 색(色) 성(聲)을 필연적으로 좇아 경계에 끌려가는 꿈의 세계에 살고 있으나, 참 성품(性品)은 무심(無心)하여 들어도 매달아 놓지 않고 여여(如如)한 본래 그대로 인 것이며, 바깥 색성경계(聲色境界)를 완전히 일도양단해서 잘라버리는 것이 불립문자이고, 모든 보는 것도, 듣는 것도 없고, 생각하는 것도 없으니 은산철벽(銀山鐵壁)이다.

그러나 중생(衆生)은 일어나는 마음만 있고 돌아서는 마음이 없어서 절에 오기는 왔지만, 밖을 향해 반대로 앉아 있는 것이 중생이다.

환유(幻幽)가 사라지면 정안(淨眼)이고 깨달음이다.

한 생각 미(迷)해서 일어나면 생사윤회가 생기고, 한 생각 미(迷)한 마음을 깨달으면 생멸육도윤회가 사라지는 것이다.

육근육식(六根六識)의 경계는 전부 밖의 세상으로 달아나기 때문에 부모하고 이별(離別)을 하는 것이다. 부모를 떠나서 밖으로 달아난 자식은 가난의 신고(辛苦)(매서운고통)를 당하게 된다. 그래서 배고프고, 추워서 고향으로 돌아오는 것이 육조스님이 홍인스님을 만나로 고향으로 찾아 온 것이니, 이것이 견자본심(見自本心)이다.

"이뭣고"하는 불자라면 생활 속에서 무슨 생각(짜증나고, 슬프고, 괴롭고, 화나고, 두렵고, 무섭고, 성나고, 불면증이 오고 등) 이 일어나는 순간 바로 알아차리고 이 생각이 어디에서 왔는고? 하며 "이뭣고"하여 그 생각의 뿌리가 번지지 않도록 잘라버리면 절대 스트레스가 쌓이지 않고 바로 소멸되어 버리는 극약 처방이 되어 주는 것이다.

제심두순(帝心杜順)**의 송**(頌)**에**

회주우끽초(懷州牛喫草) 익주마복창(益州馬腹脹)

천리멱의인(天下覓醫人) 구저좌박상(灸猪左膊上)

"회주 땅의 소가 풀을 먹었는데, 익주에 있는 말의 배가 빵빵해서 배가 아파 이름 난 의사를 찾았더니, 돼지 왼쪽 어깨에다 뜸을 따주더라." 하였다.

시간과 공간을 초월하고, 너와 나를 분별하지 않으며, 우주 삼라만상과 모든 생명(生命)이 하나라는 해탈(解脫)의 세계를 보여준 것이다.

화두참구(話頭參究)의 삼요소(三要素)

대신심(大信心)

초발심자경문에

삼일수심(三日修心)은 천재보(千載寶)요 백년탐물(百年貪物)은 일조진(一朝盡)이라, "삼일동안 닦은 이 마음은 천년의 보배요, 백년을 탐(貪)하여 모은 재산(財産)은 하루 아침에 먼지가 된다." 하였다.

생활 속에서 이 탐심(貪心), 집착심(執着心)을 뿌리 뽑지 못하고 끌려가는 것은 우리가 본래 부처임을 믿지 못하므로서 오는 중생병(衆生病) 때문인데, 금생에 이 병(病)을 치유하는 가장 유일한 처방약이 참선(參禪)이며 간화선 "이뭣고" 이다.

중생의 미(迷)한 허망한 한 생각 분별심(分別心) 때문에 자기가 지은 업(業)에 따라 진심으로 받아 믿어 행(行)하지 못하고 저 산 넘어 강물처럼 흘려보내며 육도윤회(六度輪廻)의 굴레를 벗어나지 못하고 있는 것이다.

대아(大我)인 우주(宇宙)가 질서정연하게 하나로 돌아가는 이치(理致)는 보이지 않는 중심에 있는 묘각(妙覺)인 축(軸)의 작용(作用)에 의해서 돌아간다.

우리들도 마치 콤파스(compass)의 축에서 원(圓)이 그려지듯이 그 축과 함께 돌아가고 있는 것인데, 그 축과 하나가 되어 돌아가려면, 내가 본래불(本來佛)이라는 신심(信心)의 축(軸)이 바로 세워져야 흩어지지 않고 헤매지 않아 그 자리 원각(圓覺)과 하나를 이룸과 동시에 주인이 되어야 당당하게 생사영단(生死永斷) 즉 생사고(生死苦)에서 벗어날 수 있는 것이다.

그렇지 않으면 평생 부처가 종(從)노릇 하다가 가는 것이다.

최상승법(最上乘法)에서 신심(信心)은 "내가 바로 본래 부처이다." 따라서 부처는 밖에서 구(求)하는 것이 아니라 일체처 일체시에 언제나 이 몸뚱이를 끌고 다니는 주인공, 이 소소영영(昭昭靈靈)한 바로 이놈에 즉(卽)해서 "이뭣고"로 내 안의 자성불(自性佛)을 철견(徹見)한다는 믿음이다.

『화엄경』「여래출현품」에

기제기제(奇哉奇哉) 보관일체중생(普觀一切衆生) 구유여래지혜덕상
(具有如來智慧德相) 단이망상집착(但而妄想執着) 이불증득(而不證得)

"기특하고 기특하도다. 널리 일체중생을 살펴보니 여래의 지혜
덕상을 똑같이 갖추고 있건만 단지 망상(妄想)과 집착(執着) 때문에
깨달아 쓰지 못하는구나." 하셨다.

우리가 이 망상과 집착의 혹(惑)만 때어버리면 부처님과 꼭 같은
본래불(本來佛)인 것이다.

『금강경』「오가해」함허서문에

아가문(我迦文) 득저일착자(得這一著子) 보관중생(普觀衆生) 동품이미
(同稟而迷) 환왈기재(歎曰奇哉)라, 향생사해중(向生死海中) 가무저선(駕無低
船) 취무공적(吹無孔笛)하시니 묘음동지(妙音同地)하시고 법해만천(法海
漫天)이라, 어시(於是) 롱애진성(聾騃盡醒)하고, 고고실윤(枯槁悉潤)하야
대지함생(大地含生)이 각득기소(各得其所)하니라.

세존께서는 이 한 물건을 깨닫고 중생들이 모두 똑같이 이것을
받아 지니고 있으면서도 미(迷)한 체 있어 널리 살펴 탄식하시며 기
이한 일이로다, 하시며 생사(生死)의 바다 한 가운데로 향해 밑바닥
없는 배를 몰고, 구멍 없는 피리를 불어 묘음(妙音)이 땅을 진동시키

니 법(法)의 바다가 하늘 가득함이로다. 이에 귀먹고 어리석은 범부 (凡夫)들이 깨어나고 마른 나무들이 다 윤택하게 되며 대지(大地)의 모든 생명(生命)들이 다 그 살 곳을 얻으니, 부처님께서 깨달으신 그 한 물건이 "이뭣고"이며 그 묘음(妙音)이 바로 "이뭣고"인 것이다.

통현(通玄) 장자의 「화엄론」 게송에

불시중생심리불(佛是衆生心裏佛) 수자근감무이물(隨自根堪無異物)

욕지일체제불원(欲知一切諸佛源) 오자무명본시불(惡自無明本是佛)

"부처란 중생의 마음 속에 있는 부처이니 자신의 근기에 따를 뿐 다른 것이 아니라네. 일체 부처님의 근원(根源)을 알려고 하는가?"

"자신의 무명(無明)만 깨달으면 그대가 바로 부처라네." 하여,

중생이 한 생각 무명(無明)인 탐 진 치(貪塵痴) 삼독심(三毒心)에서 벗어나면 그대로 부처라 하였다.

한 생각 이전의 허공같이 텅 빈 자리가 적멸(寂滅)이며 우리의 본래 성품(性品)인 원점(原點)이다. 이름 붙이기 이전의 이 자리는 오직 모르고 모를 뿐이다.

그 이름도 모양도 말길도 한 생각도 일어나지 않은 자리, 나와 대우주와 일월성신 산하대지가 하나가 된 자리를 들어내는 유일한 통로(通路)가 "이뭣고"인 것이며, 곧 부처이고 화두(話頭)인 것이다.

부처님께서는 일체중생이 매달리고 있는 나뭇가지나 잎이 아닌

생사(生死)가 없는 본래불(本來佛)인 불성(佛性)(뿌리)을 확인시켜 주시기 위하여 사랑하는 허망한 최상의 부귀영화(富貴榮華)를 버리시고 설산으로 향하신 깊은 뜻을 믿는 것이 대신심(大信心)이다.

　　최상승법인 화두 "이뭣고"는 승속(僧俗)을 떠나 최상승근기만이 할 수 있는 것이며, 최상승근기란 사회에서 박사학위나 지위가 높거나 돈이 많은 사람들이 아니라, 남녀노소 누구나 활구참선 "이뭣고"를 수행하는 불자들을 말하는 것이다.

대의심(大疑心)

서산대사 송(頌)에

만의도취일의단(萬疑都就一疑團) 의래의거의자간(疑來疑去疑自看)
수시나룡타봉수(須是拏龍打鳳手) 일권권도철성관(一拳拳倒鐵城關)

　　"만 가지 의심을 다 몰아 한 의단으로 나아가라. 의심해 오고 의심해 가서 의심하는 자신을 보아라. 모름지기 용을 잡고 봉황을 잡는 용맹한 사람이라야 한 주먹으로 쳐서 쇠로 된 성벽관문을 부술 수 있을 것이니라." 하셨는데,

　　자신을 비춰보는 금강보검(金剛寶劍)인 신무기가 바로 이 몸뚱이

를 끌고 다니는 이놈이 무엇인고? "이뭣고" 이다.

혜게 선사는 "삼백육십 개의 골절과 팔만사천 개의 털구멍으로 온 몸을 다 들어 의심" 하라고 하였다.

선요(禪要) **결재법어에,**

여문자상철우상사(如蚊子上鐵牛相似)

갱불문여하약하(更不問如何若何)라,

마치 모기가 쇠로 만든 소를 진짜 소 인줄 알고 쇠등을 타고 뚫고 있는데 이리저리 묻지 아니하고 온 정신을 집중시키고 있듯이, 참선도 이렇게 온 몸을 던져서 하면 깨치지 못할 자가 있겠는가?

또한 오매불망(悟寐不忘) 의심을 이어가는 데는 처소(處所)가 따로 있는 것이 아니다.

"부승상포단(不僧上蒲團)이라, 한 번도 방석 위에 앉지 않고, 지시종조지모(只是從朝至暮)하며, 보보불리(步步不離)라, 다만 아침부터 저녁까지 걸음걸음마다 화두를 놓치지 않고, 심심무간(心心無間)하여, 마음 가운데 간단없어서, 여시경급삼년(如是經及三年) 증무일념해태심(曾無一念懈怠心)이라, 이와 같이 삼년이 흘렀는데 일찍이 한 생각도 게으른 생각이 없었다." 하였다.

꼭 포단에만 앉아서 만이 아니고 이렇게 포행하면서 "이뭣고" 의심하고 또 의심해 가면 반드시 깨달음을 기약하게 되는 것이며,

"이뭣고"는 집에서 빨래하고 밥 짓고 청소하고, 농사 짓고, 직장에서 근무하면서 눈을 감으나 앉으나 서나 누워서도 "이뭣고" 차를 타고 가면서도 밥을 먹으면서도 무슨 일을 하면서도 항상 "이뭣고"가 끊어지지 않아 쌀 한 톨이 모여 한 홉이 또 모여 한말이 되듯이 차츰 응집력이 쌓이게 되면 마음이 쫓김에서 벗어나 평온하고 죽음에 대한 공포에서 벗어남은 물론 찰나 간에 생사(生死) 문제가 해결되는 것이다.

또한 타성일편(打成一片)이라, 분별심(分別心)의 작용이 완전히 멈춰져서 색상경계의 실체감이 사라져 버리면, 그 색상경계가 실상(實相)이 아니라 본연청정(本然淸淨)의 상(相) 즉 비상(非相)임을 알게 되며 내면의 성품(性品) 또한 비상이어서, 경계(境界)가 없이 툭 트여 통해 있음을 보게 되는데, 즉 내면의 성품과 바깥 색상(色相) 경계가 나누어져 있는 것이 아니며, 삼라만상이 하나의 마음 일체유심(一切唯心)을 깨닫게 되며, 천만(千萬) 가지 생각을 하나에 다 모아 버리는 것을 전제한 현전일념(現前一念)인 "이뭣고"가 끊이지 않아야 이루어지는 것이다.

또한 "이뭣고"가 내 몸과 하나가 되어 의심 덩어리만 홀로 빛나는 것을 의단독로(疑團獨露)라 하고, 생각이 빠져나갈 틈이 전혀 없는 순간, 앞뒤로 꽉 막혀 오도 가도 못할 때 은산철벽(銀山鐵壁)을 뚫고 나가는 것이다. 마치 코뿔소 뿌리 저 안쪽에 있는 먹이를 찾아 들어간 쥐가 되돌아 나올 수가 없는 경지에서 뚫고 나가야 하는 긴박

한 상황을 말한다.

궁즉통(窮卽通)이라, 궁하면 통한다는 막다른 골목에 다달았을 때
화두가 타파 되는 것이다.

대분심(大忿心)

대분심(大忿心)은 자신이 본래 부처라는데 지금 나는 어떻게 살고
있는가?

속세의 욕망의 굴레에서 벗어나 부처님과 같은 깨달음을 얻겠
다는 굳은 마음이 끊임없이 솟구쳐 깊고 깊은 속에서부터 우러나
오는 뼈에 사무친 분심(忿心)이 있어야 이 참선문에 들어 올 수 있는
것이다.

인신난득(人身難得) 불법난봉(佛法難逢) 차신불향금생도(此身不向今生
度) 갱대하생도차신(更待何生度此身)이라,

"인간으로 태어나기 어렵고 불법 만나기가 더 어려운 것인데, 금
생에 이 몸을 받았을 때 깨쳐 불도(佛道)를 이루지 못하면 어느 생에
다시 인간 몸 받을 것을 기약할 수 있겠는가?"

맹구부목(盲龜浮木)이라, 눈먼 거북이가 백년마다 한번 떠올라 망
망대해 위에 떠 있는 조그마한 판자에 뚫린 구멍 속으로 목을 내미

는 것보다 인간 몸 받기가 더 어려운 것이라고 『잡아함경』에 부처님께서 말씀하셨다.

그보다 인간으로 태어나 불법 중에서도 참선문에 들어오기란 하늘에 별 따기보다 더 어려운 것이며, 활구 참선법인 간화선 "이뭣고"는 육도윤회의 굴레에서 벗어날 수 있는 유일한 금강보검(金剛寶劍)인 것이다.

피기장부아역이사(彼己丈夫我亦已俟)라.

"네가 장부면 나도 역시 장부다." 라는 기개(氣槪)와 용기(勇氣)를 가져야 원력이 쌓여 금생에 생사고해의 바다에서 벗어날 수 있는 것이다.

삼계유여급정륜(三界猶如汲井輪) 백천만겁역미진(百千萬劫歷微塵)이라.

"삼계윤회의 오르고 내림을 우물 속의 두레박 같이 백천만겁이 지나도록 벗어나기 어렵다" 하였다.

이렇게 어려운 생사문제를 벗어나는 것은 내가 풀어야 할 영원한 숙제이니 금생이 아니면 언제 다시 인간 몸 받아 불법(佛法)만날 기약을 할 수 있겠는가?

선도대사 송에

인간총총영무중(人間匆匆營衆務) 불각년명일야거(不覺年命日夜去)
여등풍중멸난기(如燈風中滅難期) 망망육도무정취(忙忙六道無情趣)라.

"인간이 바쁘게 일에 끄달려 목숨이 줄어드는 것을 알지 못하네, 바람 앞 등불이 위태하건만 육도에 바빠 정처가 없네." 하였다.

이렇게 현실의 삶에 쫓기며 허망한 경계에 탐착(貪着)하여 헐떡거리며 하루하루 살아가며, 어리석어 이 무상한 사대(四大)로 이루어진 몸뚱이가 하자는 대로 몸에 좋은 것만 골라 먹고, 갖고 싶은 것은 무엇이든 욕심으로 채워왔고, 나의 이익과 명예를 위하여 나와 남을 가르고 시시비비(是是非非)를 일삼으며 알게 모르게 상처를 주고 받아가며 살아왔으나, 우리 모두가 지나온 세월을 돌이켜 보면 다 무상(無常)하고 허망(虛妄)한 것임을 깨닫게 되지만, 그것은 뒤늦은 후회가 되는 것이다.

사중득활(死中得活)이라, 한 생각도 일어나지 않고 앞뒤가 꽉 막힘을 당하여 크게 한번 죽어 다시 살아난다는 대분심으로 활구 참선법인 "이뭣고"를 생활 속에서 한 순간이라도 놓치지 않으면 금생 성불(成佛)은 보장되어 있는 것이다.

유럽인들이 아메리카 대륙을 점령하여 농사를 짓는데, 가뭄이 들어 모든 농작물이 말라 죽게 되자 아무리 정성을 다해 기우제를 지내도 비가 오지 않는데, 인디언들이 기우제를 지내면 가뭄이 해소되자, 그 비법을 인디언에게 물어보니, "우리는 비가 올 때까지 기우제를 지낸다고 했다." 한다.

우리도 금생 성불의 원력을 세웠으면 그것이 이루어질 때까지 수도거성(水到渠成)이라.

물이 흐르는 곳에 자연히 도랑이 생기듯이, 하루, 100일, 1000일, 아니면 죽을 때까지 사력(死力)을 다해 마치 고양이가 쥐 잡듯이 온 에너지를 한 곳에 집중해 정진하면 만약 내일 생(生)을 마친다하여도, 그 내일이 생사해탈의 날인 것이다.

불시일번한철골(不是一番寒徹骨) 쟁득매화박비향(爭得梅花撲鼻香)이라.

"뼛속에 사무치는 매서운 추위가 아니면 어찌 코를 찌르는 매화 향기가 있을 수 있겠는가?"

생사(生死)를 걸고 오직 "이뭣고"를 생활 속에서 놓치지 않으면 반드시 성불(成佛)이라는 이름으로 보답(報答)하게 되어 있다.

1700 공안(公案)

보제 존자께서

"염기염멸(念起念滅) 위지생사(謂之生死) 당생사지제(當生死之際)

수진역재기화두(須盡力提起話頭)라.

생각이 일어나고 생각이 멸함을 생사(生死)라 이름 하나니, 생사의 갈림길에서야 모름지기 힘을 다해 화두를 들지니, 화두순일(話頭純一) 기멸즉진(起滅卽盡) 기멸즉진처(起滅卽盡處)라, 화두(話頭)가 순일하여지면 일어나고 멸(滅)하는 것이 곧 다하리라.

생각이 일어나고 멸함이 곧 다한 곳을 이르되 고요함(寂)이라 하나니. 위지적(謂之寂) 적중무화두(寂中無話頭) 위지무기(謂之無記)라, 고요한 가운데 화두(이뭣고)가 없으면 무기(無記)라 하고, 적중불매화두(寂中不昧話頭) 위지영(謂之靈)이라, 고요한 가운데 화두가 매(昧)하지 아니하면 영(靈)이라고 이르나니, 즉차공적영지(即此空寂靈知) 무괴무잡(無壞無雜) 여시용공(如是用功) 불일성지(不日成之)라, 이 공적영지(空寂靈知)가 무너짐도 없고 섞임도 없어서 타성일편이 되면 며칠 안 가서 성취(成就)하리라." 하였다.

화두(話頭)는 부처님과 역대 조사들께서 자신이 깨달은 본래면목을 목전(目前)에 훤히 들어 내 보이신 것이다.

참선(參禪)을 "교학(敎學)에 의지하지 않고 곧바로 마음의 본성(本性)을 직관(直觀)하여 부처를 이루게 한다." 하였고, 견지망월(見指忘月)이라, 손가락이 가리키는 달(月)은 보지 않고 손가락만 보고 달을 봤다고 하듯이, 내 안의 부처를 외면한 채 본질(本質)을 꿰뚫어 보지 못하고 겉모양에 집착하여 밖으로 허상(虛像)을 찾아 헤매고 있는 중생들의 마음을 안으로 되돌려 깨침에 이르게 하는 것이 간화선 "이뭣고"이다.

화두는 관(觀)하는 것이지 견(見)하는 것이 아니다. 견(見)은 육안(肉眼)과 업식(業識)으로 보는 것이고, 관(觀)은 심안(心眼)으로 꿰뚫어 보는 것이다. 관(觀)은 한 면(面)만 보는 것이 아니라 인연(因緣)따라 생겨나는 것을 보며, 기울어진 것을 보는 것이 아니라 중도(中道)를 보는 것이며, 절대 평등을 보는 것이다. 이 단계가 지나면 "이뭣고"의 이것이 바깥에서 주인자리로 환지본처(還至本處) 하게 된다.

초점을 '무엇'이 아닌 '이것'에 맞추어야 진정한 실상(實相)과 주인자리가 드러나게 된다. 이것이 실천 수행이다.

자신의 눈으로 자신의 눈을 보지 못하듯 마음을 찾는 내가 있고 찾는 대상이 따로 분리된 상태가 아니고, 주(主)와 객(客)이 분리되기 이전의 세계이다.

정전백수자(庭前柏樹子)는 그 말이 나오기 전, 조주 스님이 우리에게 보여주신 마음과 내 마음이 둘이 아닌 상태를 '화두'라고 한다.

"뜰 앞의 잣나무"라는 소리가 나오기 이전 조사스님의 그 뜻(意)이 화두인 것이다. 그 마음의 눈을 뜨는 방법이 의정이고 의심이다.

화두라고 하는 것은 그 뜻이 나와 벽이 허물어져 버린 상태를 보여 준 것이니까, 내가 찾아야 할 대상이 아니라 바로 내 자신이다.

찾으려고 하는 놈과 찾아야 할 대상을 둘로 나눠버리면 그 뜻과는 거리가 멀어지는 것이다. 이 몸뚱이를 끌고 다니는 이것이 무엇인고?

"이뭣고" 화두는 이런 회광반조를 발생시키는 발문이 된다.

본래 자기 성품인 고요함과 신령스런 앎인 공적영지(空寂靈智)를 한순간에 자각(自覺)하도록 하게 한 것이다.

화두(話頭)는 반조(返照)되어야 한다. 반조는 습기를 제거해 진여(眞如)로서 영성(靈性)을 체득하게 만든다.

화두(話頭)란 지금 우리에게 직접적으로 부딪치는 모든 장애(障碍)와 관계된 마음의 성질이 화두이다.

"이뭣고" 할 때 '이' 하고 숨을 길게 내쉴 때 심안(心眼)으로 '이'(是)를 비추어 보는데, 이것이 회광반조이다.

생활 속에서 불법(佛法)과 화두(話頭)를 따로 분리시켜 놓으면 생각마다 어려움에 갇혀 움직일 수가 없게 되는 것이다.

본래 어둡고, 밝고, 알고, 모를 것이 없다. 누구나 본래부터 그대로 부처인 것이고, 모든 생명(生命)은 본디부터 깨달음 그 자체이다.

망상(妄想)의 눈으로 보면 보는 것이 상(相)을 따라 쫓아가지만, 심안(心眼)으로 관(觀)하게 되면 관하는 놈은 사라져 버리고 진여불성(眞如佛性)만이 홀로 훤히 드러나게 되는데, 이것이 견성성불(見性成佛)인 것이다.

그러나 내 안의 불성을 자각은 했지만 오랜 세월 익혀온 습기(習氣)를 단박에 없앨 수는 없기에, 깨달음에 의지하여 수행을 꾸준히 하여 성스런 성태(聖胎)를 길러야 하는데 이것을 오후보림(悟後保任)이라 한다.

〈기신론〉에 "생멸심(生滅心)이나 진여심(眞如心)은 두 개로 나누어지지 않는 모두 한 마음(一心)인 중도(中道)이지만 양자는 서로 별개처럼 작용한다.

그러나 생멸(生滅)이면 진여가 아니고 진여(眞如)이면 생멸이 없다." 하였다.

우리들은 "이뭣고"로 신령한 앎(반야지혜)를 증득(證得)하고, 생활 속에서 바로 굴려 쓰면 사업, 학업, 건강 등이 "해주십시오." 하고 빌지 않아도 자동적(自動的)으로 성취(成就)되는 것이다. 불성(佛性)의 본질은 그대로 불생불멸(不生不滅)이다.

조사서래의(祖師西來意)

　　중국 선종의 초조 달마대사가 서쪽 땅 인도에서 동쪽 중국으로 건너온 까닭이 무엇인가? '즉 무엇이 선(禪)의 진리(眞理)이며, 불교의 근본(根本)이 무엇인가?'의 뜻 이다.

　　심법(心法)을 가지고 경전이나 계율, 염불 등을 모두 부인하고 불립문자(不入文字)로 관심일법(觀心一法) 총섭제행(總攝諸行) 직지인심(直旨人心) 견성성불(見性成佛)을 내세우며, 바로 마음을 가리켜 단번에 성품(性品)을 보고 부처가 되게 하였다.

　　바로 마음을 깨치게 한 것이며, 경전에도 없는 공(空)의 진리를 전하기 위해서 오신 것이다.

　　조주(趙州)선사에게 학인이 물었다.

　　여하시조사서래의(如何是祖師西來意) 어떤 것이 조사(달마)가 서쪽에서 오신 뜻입니까?

　　"정전백수자(庭前栢樹子) 뜰 앞의 잣나무" 라 했다.

　　화두는 이렇게 논리적으로 설명할 수 없는 언어도단(言語道斷)의 세계이며, 암호나 밀령(密令)과 같아서 지식과 알음알이로는 깨칠 수 없으며, 가섭존자가 부처님으로부터 정법안장과 열반묘심을 이심전심으로 이어받은 것이다.

　　경전에서도 답(答)을 얻을 수 없기 때문에 '정전백수자' 라는 것

이다. '뜰 앞에 잣나무'는 감정을 표할 수 없는 무심(無心)한 나무이고 무심이란 공(空)한 것이다.

그래서 달마조사는 공성(空性)을 전(傳)하기 위해서 빈손으로 서쪽에서 오신 것이다. 부처님이 연꽃 한 송이를 보여주시고, 조주스님은 '뜰 앞에 잣나무'라 하신 뜻은 문자와 말의 한계 밖의 소식이다.

당나라 숭혜(崇慧) 선사에게 어떤 학승이 물었다.

"조사가 서쪽에서 오시기 전에도 중국에 불법이 있었습니까?"

이에 만고장공일조풍월(萬古長空一朝風月)이라.

"만고에 변함없는 허공(虛空)에 하루 아침의 바람과 달이었다." 하였다.

태고부터 있어온 영겁(永劫)의 하늘(공간)에 어느 날 문득 바람 한 번 스쳐 지나가고 달빛이 비친 것과 같다. 석가가 입을 열기 전에 불법(佛法)은 이미 공(空)속에 있다는 말이다.

부처님께서도 "이 진리(眞理)는 나도 그 어느 누구도 만든 것이 아니다.

여래가 세상에 나오기 전에 이미 이 진리(眞理)는 항상있는 것이며, 여래는 다만 이 법(法)을 중생에게 설(說)할 뿐이다." 하셨다.

일면불(日面佛) 월면불(月面佛)

마조(馬祖) 스님이 노환으로 몸이 편치 않았다.

원주가 찾아와서 물었다.

"스님께서는 요즈음의 건강이 어떠하십니까?"

"일면불(日面佛) 월면불(月面佛)"이니라.

일면불은 천팔백년, 월면불은 하루 밤만 살았다는 것인데, 한바탕 꿈에 불과한 것을 오래 산 다는 것이 무엇이겠는가?

마조 스님에게는 삶과 죽음이란 해 뜨고 달이지는 평범한 일상 그 자체로 여여(如如)한 그 뿐이었고, 시공(時空)을 초월한 번뇌 망상을 다 여읜 참 성품자리를 바로 일러주신 것이다.

또한 선(禪)으로 하루 동안 산부처가 천년동안 산 신선(神仙)이나 명상(冥想)등으로 세월을 보내는 사람보다 더 훌륭하다는 뜻이다.

선(禪) 문답(問答)은 언하(言下)에 대오(大悟)하는 것이다.

예로 집이 있는데 집 전체를 단박에 알아차림 하는 것이 선(禪)적인 깨달음이라면, 그 집은 누가 설계했고, 크기와 모양은 어떻고 재료가 무엇이고 어떤 방법으로 짓고 등등 설명을 해서 알아차리는 방법을 교학적(敎學的) 이라 한다.

부처님께서도 진리(眞理)인 중도(中道)를 깨치신 것이며, 집을 이해하는 방법으로 중생들의 근기에 맞춰서 8만4천 법(法)을 설(說)하신 것이다.

핵심(核心)은 내가 '누구인가?'를 깨치게 하는 것이 "이뭣고"이다.

입야타불입야타(入也打不入也打)

마조(馬祖) 스님이 어떤 학승에게 동그라미를 그려놓고 원상(圓相)에 들어가도 30방(榜)이요, 들어가지 아니해도 30방(榜)이다." 하였다.

그 학승이 그 안에 들어가니, 마조 스님이 주장자로 들어간 그 학승을 한 대 후려치니 그 학승이 말하기를 "스님께서는 저를 치지 못했습니다." 하였다.

그러자 마조 스님이 아무 말 없이 그냥 방장실(方丈室)로 들어가 버렸다.

이 공안은 그 열쇠가 없으면 도저히 열 수가 없는 자물통과 같은 것이다.

만공스님께서 전강선사께 묻되 "자네는 어떻게 이르겠는가?" 하시니 "방(榜)을 짊어지고 들어가는데 함부로 칠 수 없습니다." 하셨고, 전강선사께서 경봉선사에게 물으시니 "부채로 바람을 날려 일원상을 쓸어버림을 보이셨다." 한다.

그렇다면 손바닥이나 발로 원상을 지워버린다면 그것은 형용(形容)에 지나지 않은 것이다.

자성(自性)은 안과 밖이 없는 태허공(太虛空)인데, 어느 곳에 동그라미를 그리며, 본래 무일물(無一物)인데 누가 봉(棒)을 잡으며 때리는 자와 맞는 자는 누구이며, 들어가는 곳이 어디란 말인가?

대저 불법(佛法)이란 일체상(一切相)을 여읨이니, 항상 자성(自性)을 보아 모든 경계에 걸리지 않는다면 자성은 스스로 청정하고 원만하니 밝은 지혜가 일월(日月) 같아서 소소영영(昭昭靈靈)한 주인공인 본각(本覺)이 드러나게 되는데, 금을 긋고 울타리를 만들고 바람이 불면 없어질 동그라미를 긋는 것은 부질없는 분별심으로 평지풍파(平地風波)를 일으킨 것이다.

지장계침(地藏桂琛) 선사가 법안(法眼)이 수좌시절에 뜰 앞의 바위를 가리키며, "저 바위는 자네 마음 속에 있는가, 아니면 마음 밖에 있는가?" 하고 물으니, "마음 속에 있습니다."

"그대는 무슨 사정이 있기에 그 큰 바위를 마음 속에다 넣고 다니는가, 무겁지도 않은가?" 하니 여기에서 말문이 막혔다.

마음은 속과 밖이 따로 있는 것이 아니다.

크기로 말하면 영겁외(永怯外)에 펼쳐있고, 작기로는 겨자씨 속에서 자유자재(自有自在) 하고 있으며, 눈 앞에 나타나 있는 만상(萬像)이 모두 마음(佛法) 아님이 없는 것이다.

만법귀일(萬法歸一) 일귀하처(一歸何處)

조주(趙州)스님께 수좌가 물었다.

문: "만법은 하나로 돌아가는데, 그 하나는 어디로 돌아갑니까?"

답: "아재청주(我在靑州) 작일령포삼(作一領布衫) 중칠근(重七斤)이라."

"내가 청주에 있을 때 베적삼을 한 벌 해 입었는데, 무게가 일곱 근 나갔다." 하였다.

삼베 적삼의 재질은 같지만 체구(體軀)에 따라 그 무게는 각각 다르다.

'일곱'은 본체와 구분된 현상으로 하나에 비해 많고 평등에 대한 차별(差別)을 나타낸다.

이것이 평등(베적삼)속의 차별이고, 차별(일곱근)속의 평등이다.

우리의 궁극적인 지향(指向)은 모든 차별(差別)과 대립(對立)의 소멸(消滅)이고 평등(平等)이며 생사일여(生死一如)이다. 그러니 '만법'(萬法)이 하나이고 하나가 '만법'이다.

'만법'은 곧 삼라만상(森羅萬象)으로 분별심과 집착에서 비롯된 현상이며, '하나'는 절대의 진리를 말한다. 존재현상도 이와 같다.

산포금수족(山抱禽獸族) 수마어해군(水摩魚蟹群)이라.

산(山)은 모든 나무와 짐승을 가족으로 품고 있으나 산이라는 상(相)이 없고, 바다 또한 모든 고기와 어패류를 길러 내고 있으나 자기를 내세우지 않고 바다 그대로 여여(如如)하다.

예로 장바구니 속에 다양한 물건들이 모여 있으나, 바구니는 하나이다.

그래서 그 하나는 무엇인고? "이뭣고"이다.

시심마(是甚麼) 유래(由來)

시(是)는 언전대기(言前大機)인 반야지혜로써 일체만법을 들이고 내는 당처(當處)이며, 제불보살의 불모(佛母)로서 "이뭣고"는 반야지혜를 살려 쓰는 대활구(大活口)인 것이다.

시(是) 속에는 부처님의 불가사의(不可思議)한 암호밀령(暗號密令)이 다 들어 있고, 부처님의 지혜(智慧)와 복덕(福德)이 구족(具足)되어 있고, 과거 억겁으로 부터 지어온 업장(業障)과 습기(濕氣)와 번뇌망상(煩惱妄想)을 모두 녹여주는 자가 발전소(發電所)이며, 지혜광명이 천만(千萬)의 태양보다 더 밝고 밝게 항상 비춰주고 있으며, 또한 아프면 약사여래불이, 소원을 이루고자 하면 관세음보살이 자동적으로 되어준다.

"이뭣고" 시심마(是甚麼)는 내가 누구인가?

참나(眞我)를 찾는 수행이며, 시(是)는 인과(因果)를 벗어난 인과불낙(因果不落)의 자리이다.

남악회양 선사가 육조 스님을 찾아오니, 시심마물임마래(是甚麼物恁麼來)? "어떤 물건이 이렇게 왔느냐?" 하고 물으시니, 입이 딱 막혀 대답을 못하고, "이 물건이 무엇인고?" "이뭣고" 화두를 가지고 8년간이나 고행(苦行) 끝에 확철대오 하고 다시 찾아가 설사일물즉부중(設似一物卽不中)이라, "설사 한 물건이라 해도 맞지 않습니다." 하니 "도리어 수증할 것이 있느냐?" 수증즉불무(修證卽不無) 오염즉불(汚染卽不)입니다.

"닦고 증(證)하는 것이야 없지는 않습니다. 마는 오염(汚染)될 수는 없습니다."

"즉 일여(一如) 평등의 진리(眞理)를 차별심을 가지고 자타(自他) 고하(高下) 시비(是非)하는 것은 없습니다." 하여 인가(認可)를 받았다.

이렇게 하여 "이뭣고" 화두가 유래된 것이다.

그 뒤 대혜종고 스님에 이르러 간화선이 체계화 되었으며, 서장에서 간화선에서 화두의 역할은 분별(分別) 망상(妄想)을 확실하게 때려잡는 무기(武器) 즉 청룡보검으로 간화선을 정의(正義)하였고, 좌선(座禪)만을 강조하지 않고 언제 어디에서나 화두(話頭)를 놓치지 않을 것을 주문하였다.

한암 스님의 서신 중에도

"…꼭 부처님 앞에서 참선해야만 되는 것이 아니다. 오히려 사무(事務)를 보거나 일을 하는 복잡한 가운데에서 득력(得力)하는 것이 적정(寂靜)한 곳에서 좌선坐禪하는 것보다 10만 배나 더 힘이 있는 것이다." 하셨고,

전강선사께서도

참선은 농사지으며 왜 못혀? 그걸 생활 참선을 해야 하는 것이지. 다 끊고 여의고 돌아와서 가만히 혼자 앉아서 "이뭣고"만 하는 건 그건 쪼가리 참선이요, 절름바리 참선이요, 그것이 소승참선이요, 대승참선이 아니다.

농부가 쟁기를 지고 논 갈러 가는 것도 생사 해탈도리(道理)요, 여인네가 호미 들고 밭 매러 가는 것도 생사해탈 도리요, 숟가락 들고 밥 먹는 것도 생사 없는 해탈도리 인데 일체가 무엇이 아닌 것이 있으리오. 뭐 아무것도 힘든 것도 없고 내 찾는 법이 그려. 그저 "이뭣고" 알 수 없는 놈 하나면 그만이여.

밥 먹고 옷 입고 오고가는 소소영영(昭昭靈靈)한 주인공, 이것이 도대체 무슨 물건이냐?

알 수 없거늘 제가 무슨 이치(理致)를 붙여서 죽이지 말고, 대답하려고 애쓰지 말고 알 수 없는 그 놈 하나를 가지고 비비고 나가라." 하셨다.

간화선 "이뭣고"는 현재를 살아가는 우리 불자에게 정치(政治)나 사업(事業), 직장, 학업등 에서 막히는게 없게 해주고, 과거 현재 미래의 모든 장애(障礙)에서 벗어나게 하지만, 이것을 등지면 무엇을 하든 엎어지고 자빠지고 넘어지고 말며, 돌에 걸려 넘어지면 "이뭣고"

왜 "이뭣고" 인가?

간화선은 달마스님으로부터 중국의 조사선(祖師禪)에서 이어온 수행법이고 육조혜능 이후 마조(馬祖)에 이르기까지 많은 조사님들에 의하여 전성기를 이루었다.

참선(參禪)은 알고 있는 분별(分別)의 세계에서 모르는 무분별(無分別)의 세계에서 시작한다.

대혜종고 선사의 간화선은 우리의 가슴속에 일어나는 천 가지 만 가지의 의심을 공안(公案)에 즉 하나의 의심에 집중하여 타파해 대오(大悟)에 이르게 하였다.

"이뭣고"도 오직 모를 뿐에서 시작이며 우주와 인간에 대한 실존(實存)의 문제와 "내가 누구인가?"를 깨쳐 본래면목(本來面目)을 밝혀 금생에 생사고해(生死苦海)에서 벗어나는 유일한 방법을 제시한 것이다.

"이뭣고"는 그 자체에 내가 누구인가? 하는 강한 의심이 작렬(炸裂)하고 있는 것이며, 여하시불(如河是佛) "어떤 것이 부처입니까?"의 답이 종사(宗師)에게 있는 것이 아니라, 여시불(汝是佛) "네가 부처니라." 즉 문처즉답(問處卽答)이라, 묻는 가운데 답이 있다는 것이다.

객관적인 대상(對象)을 본다고 하는 것은 업식(業識)에 의해서 투사된 그림자 상황을 보고 있는 것이다. 즉 업식의 그림자를 내 마음, 나 자신이라고 착각(錯覺)하는 것이 중생의 마음이고 자아(自我)인 것이다.

이 분별(分別) 망념(妄念)을 일시에 놔 버릴 때 맞닥뜨리는 것은 "오직 모르고 모를 뿐"이며 그래서 "이뭣고"인 것이다.

달마에서 혜능에 이르는 선(禪)의 가르침의 핵심은 불취외상(不取外相) 내심반조(自心返照)라, "밖으로 일체 관념의 상(相)(모양)을 취하지 말고, 놓아버리고, 자신의 마음을 돌이켜 비춰봐라."이다.

선(禪)이란 한 생각이 일어나기 이전(以前)으로 돌아가는 것, 한 생각이 일어나면 망념(妄念)으로 번지기 전에 그 즉시 알아차리고 "이뭣고"로 그 뿌리를 잘라 버림으로써 공(空)으로 만들어 버리는 것이다.

일체 분별망념(分別妄念)을 놓아 버린 무분별(無分別)의 입장에서 천지(天地)를 꿰뚫는 한 의심이 "이뭣고" 화두이다.

"이뭣고"는 존재(存在)의 그림자가 아닌 실상(實相)에 대한 강렬한 의심이다.

육조스님은 "한 생각 일어나지 않는 것이 좌선(坐禪)(앉음)이라 했고, 일체 경계에 어지럽지 않고 행주좌와 어묵동정의 일체처 일체시가 행선(行禪)이다." 라고 하였다.

"이 몸을 끌고 다니고 부리는 이놈이 무엇인고?" "이뭣고"를 깊이 의심을 하여 회광반조 하면 일체에 속지 않고 바로 여래지(如來智)에 들어 갈수 있다.

최상승의 화두는 '이것'에 초점을 맞추어야 거울 속에 비춰진 모습의 내가 아닌 거울에 비추는 진짜 내가 드러나게 되고, 보고 듣고 움직이고 인식하는 진정한 자신의 자리인 불성(佛性)이 드러나는 것이다.

"이뭣고"로 세세생생 익숙한 천만가지의 분별망심(分別妄心)을 하나로 모아 의심이 불덩어리가 되어 타성일편(打成一片)이 되면, 아뢰야식에 쌓여있던 업장(業障)이 저절로 녹아 버린 그 자리가 바로 가고 옴이 없고 생사의 고해(苦海)에서 벋어난 불생불멸(不生不滅)의 미륵보살이 거주하고 계시는 도솔천 내원궁에 들게 되는 것이다.

부처님께서 어느 날 나무 밑에서 앉아 계시다가 돼지새끼를 메고 가고 있는 장사꾼에게

"네가 메고 가고 있는 것이 무엇이냐?" 하고 물었습니다.

상인(商人)이 "여래의 지혜를 다 갖춘 분이 이 돼지새끼도 몰라

요"라고 대답하니, 그러자 부처님이 "그냥 물어 봤노라"고 하셨다.

왜 물어 봤겠습니까? 이것을 바로 깨치면 여기에 부처님이 말씀하신 "이뭣고" 화두가 들어 있는 것이다.

진여문(眞如門)을 수행하는 것은 지행(止行)을 닦는 것이라 하고, 본래 마음을 고요하게 하는 것이다. 생멸문(生滅門)은 관(觀行)을 일으키는 것인데, 생겼다 사라졌다를 반복하는 것이 생각인데, 관행이란 이것을 살펴보라는 뜻이다.

지관(止觀)즉 사마타와 위빠사나를 함께 닦는 것이 "이뭣고" 수행이다.

또한 생활 속에서 찰나 찰나 일어나는 초조 불안 근심 걱정 등 각종 스트레스를 소멸시키기 위해서는 한 생각이 일어날 때마다 전생에 쌓아놓은 아뢰야식의 종자식인 아타나로 번져 전생의 기억을 재연(再演)하기 전에 바로 알아차리고 최신 핵무기인 "이뭣고"로 소멸시킴과 동시에 번뇌의 먹구름에 갇혀있던 반야지혜를 살려쓰는 참수행이 "이뭣고"인 것이다.

생활선(生活禪) "이뭣고"

참선(參禪)은 무슨 생각이 일어나건 그 한 생각을 발판으로 하여 "이뭣고"로 돌아오는 것이다.

육조 스님의 일행삼매(一行三昧)에

"일상시(日常時)에 가거나 머물거나 앉거나 눕거나 항상 직심(直心) 을 행(行)해야 한다.

마음에 아첨하고 굽은 생각을 가지고 입으로만 법의 곧음을 말 하지 말라, 오직 직심(直心)으로 행동하여 모든 법(法)에 집착(執着)하 지 않는 것을 일행삼매(一行三昧)라 한다."고 하였다.

직심(直心)은 순수한 마음이요, 분별(分別)을 떠난 마음이며 집착 하지 않는 마음이다.

소리에 접하되 그 소리에 구속되지 않는 마음이며, 어떤 형상(形相)을 접하되 거기에 매달리지 않는 마음이다.

자신이 하는 일상생활 속에서 삼매(三昧)를 실현하고 지혜를 발현하는, 일할 때, 공부할 때, 운동할 때, 걸어갈 때, 일체처 일체시에 어디에서도 "이뭣고"로 걸림이 없고 분별, 집착을 끊어 버리면 그것이 생활선(生活禪)의 실현(實現)이 되는 것이다.

남악회양 선사께서

마조 스님이 항상 좌선(坐禪)만을 고집하는 것을 고쳐 주시기 위해 하루는 좌선 중인 마조(馬祖)스님에게

"수좌는 좌선만하여 무엇하려는고?"

"부처가 되려고 합니다."

그러자 회양 선사께서 뜰 앞에서 벽돌을 하나 집어 와서 마조 스님 앞에 앉아 갈기 시작했다. 마조 스님은 한참 정진하다가 그것을 보고 여쭈었다.

"스님, 벽돌을 갈아서 무엇 하시렵니까?"

"거울을 만들려고 하네."

"벽돌을 갈아서 어떻게 거울을 만들 수 있습니까?"

"벽돌을 갈아서 거울을 만들지 못한다면, 좌선을 한들 어떻게 부처가 될 수 있겠는가?"

"그러면 어떻게 해야 되겠습니까?"

"소를 수레에 매서 수레가 가지 않을 때 수레를 쳐야 옳겠는가, 소를 때려야 옳겠는가?"

마조 스님이 대답을 못하고 있으니, "그대는 좌선(坐禪)을 배우는가, 좌불(坐佛)을 배우는가?" 앉아서 참선(參禪)하는 것을 배운다고 한다면 선(禪)은 앉거나 눕는데 있는 것이 아니니 선(禪)을 잘못 알고 있는 것이고, 앉은 부처를 배운다고 한다면 부처님은 어느 하나의 법(法)이 아니니, 자네가 부처님을 잘못 알고 있음이고, 무주법(無住法)에서는 응당 취하거나 버림이 없어야 하네.

그대가 앉은 부처를 구(求)한다면 부처를 죽이는 것이고, 앉은 모습에 집착(執着)한다면 선(禪)의 이치를 깨닫지 못한 것이네." 하시니

마조 스님은 여기에서 크게 뉘우치고 좌선만을 고집하던 생각을 버리고, 행주좌와 어묵동정 가운데서 일여(一如)하게 화두를 참구하여 순일(純一)을 이루어서 마침내 크게 깨쳤다.

경허선사(鏡虛禪師) 참선곡(參禪曲) 중에서

"홀연히 생각하니 도시몽중(都是夢中)이로다.

천만고 영웅호걸 북망산 무덤이요,

부귀문장 쓸데없다 황천객을 면할 소냐.

오호(嗚呼)라 나의 몸이 풀끝에 이슬이요

바람속의 등불이라 삼계대사 부처님이 정녕코 이르시데 마음 깨쳐 성불하여 생사윤회 영단(永斷)하고 불생불멸 저 국토에 상락

아정 무위도(無爲道)를 사람마다 다할 줄로 팔만장경 유전(遺傳)이라, 사람 되어 못 닦으면 다시 공부 어려우니 나도 어서 닦아보세. 닦는 길을 말하려면 허다히 많건마는 대강 추려 적어 보세. 앉고, 서고, 보고, 듣고, 착의끽반(着衣喫飯) 옷을 입고, 밥을 먹고, 사람 만나 대화하고 일체처 일체시에 소소영영 지각(知覺)하는 이것이 무엇인고? "이뭣고?"

몸뚱이는 송장이요 망상번뇌 본공(本空)하고 천진면목 나의 부처 보고 듣고 앉고 눕고 잠도자고 일도 하고 눈 한번 깜짝할 제, 천리만리 다녀오고 허다한 신통묘용 분명한 나의 마음 어떻게 생겼는고? 의심하고 의심하되 고양이가 쥐 잡듯이 주린 사람 밥 찾듯이 목마를 때 물 찾듯이 육칠십 늙은 과부 외자식을 잃은 후에 자식 생각 간절하듯 생각 생각 잊지 말고 깊이 궁구하여 가되 일념만년(一念萬年) 되게 하야 폐침망찬(廢寢忘饌)(먹고 자는 것을 잊고)할 지경에 대오(大悟)하기 가깝도다.(중약)" 하셨다.

활구참선(活句參禪) "이뭣고"

수행(修行)이란 지금 이 순간 깨어 있는 것이다.

간화선에서 간(看)은 '볼 간(看)' 자를 써서 빛을 안으로 돌이켜 화두를 본다는 뜻인데, 동시에 오직 모르고 모르는 마음자리를 대의심(大疑心)으로 지어 가는 것이다.

마음은 전도몽상(顚倒夢想)에서 깨어나기 전에는 이치(理致)로는 알 수 없다.

유무(有無)를 넘어선 절대(絶對) 가운데 머물러 쉬는 것이 머무름이 없는 무주(無住)이다.

제불보살께서는 언제나 이곳에 계신다. 그곳이 바로 눈앞에 환히 드러나 있지만, 무명(無明)에 눈이 가려진 중생들은 눈 뜬 장님이 되어 망상(妄想)속에서 길을 잃고 방황하고 있는 것이다.

모든 중생이 생사를 윤회하는 것은, 의식(意識)이 인연을 쫓아 조작(造作)하고 마음이 자기 집에 머물러 있지 못하고 밖으로 나가서 떠돌기 때문이다.

심생즉종종법생(心生即種種法生) 심멸즉종종법멸(心滅即種種法滅)이라.

한 마음이 일어나니까, 그에 따라 온갖 경계가 펼쳐지는 법이고, 한 마음이 없어지면 온갖 경계도 없어지는 것이다.

그러나 억지로 무념무상(無念無想)을 만들려면 외도(外道)가 된다.

만들려는 그 마음이 본래의 자리를 가리고 밖으로 찾아 나서게 하여 평지풍파(平地風波)를 일으키기 때문이다.

보리자성(菩提自性)이 본래 청정하다는 것을 꼭 믿고 모든 망상(妄想)을 알아차려 "이뭣고" 하면 저절로 근본이 드러날 터인데, 원숭이같이 천지사방을 쏘다니며 온갖 좋다는 법(法)을 다 배워 쑤셔 넣어 알음알이만 가중시키니 소화도 못시키고 고향으로 돌아올 날은 더욱더 아득하기만 한 것이다.

불법(佛法)은 본래의 보리자성을 생활 속에서 "이뭣고"로 활용(活用)함으로써 우주(宇宙)의 정기(精氣)인 신통력(神通力)을 자유자재로 부리게 되는 것이다.

나무와 나무사이에 얼마간의 틈이 있다. 이것이 있기에 나무들은 함께 어울리면서 크고 작은 것이 서로 어우러져 숲을 이루며 살아가고 있듯이 사람이 함께 살아가는 것도 너와 내가 같아야만 한다는 생각을 내려놓을 때 각자 아름다운 꽃동산을 이룰 수 있는 것이다.

화(禍)나 짜증이 났을 때 그것을 알아차리고 "이뭣고" 하고 객관화(客觀化)하면 마음이 대상에 끌려가지 않고 멈추게 된다.

예로 옆 차선에서 달리던 차가 신호를 무시하고 끼어들었을 때, "가족이 위태해서 병원에 갈 수밖에 없는 상황이겠지" 하고 "이뭣고" 하면 화는 사라지게 되어있고, "저 차가 내 차와 충돌하여 큰 사고가 나지 않은 것이 천만다행이네" 하고 "이뭣고"에 감사하면 그것이 수행이 되는 것이다.

톨스토이는 "분노는 나약함의 증거이지 힘의 증거가 아니다." 하였고 부처님은 "자비(慈悲)가 분노(忿怒)를 이긴다고" 하셨다.

우리가 베푸는 것만큼 중요한 것은 "이뭣고"로 매사에 잘 인내(忍耐)하는 것이다.

화두(話頭)는 "아, 이런 것이구나!" 하는 이론적으로 중생의 사량, 분별심이나 교리적(敎理的)으로 헤아릴 수 있는 것이 아니다.

이렇게 저렇게 따져서 알아맞히는 것은 활구(活句) 참선이 아니고 사구(死句) 참선이다.

무슨 생각이 일어나건, 그것이 슬프고, 기쁘고, 노엽고, 괴롭든 그 생각을 억지로 지우려고 애쓰지 말고, 바로 알아차리고 그 자리에 "이뭣고" 하며 생각하는 이놈이 무엇인고? "이뭣고" 하면 묵은 업장(業障)까지 소멸(消滅)되면서 만병(萬病)의 근원(根源)이 되는 모든 스트레스에서 벗어나게 되는 것이다.

"이뭣고"가 최상승의 활구 참선이요, 정법(正法)임을 믿고 수행하는 불자에게는 그 번뇌 망상이 불보살의 손이요, 극락세계에서 보낸 반야용선(般若龍船)이 되지만, 믿지 않고 기복신앙(祈福信仰)에 매달리며 밖으로 헤맨다면, 윤회의 굴레에서 벗어날 수 없는 세세생생(世世生生) 원수(怨讐)가 되는 것이다.

여의보주(如意寶珠) "이뭣고"

참 마음은 우리의 본원(本源)이고 생명(生命)의 원천(源泉)이다.

일체 만법이 다 이 마음에 있다. 한 법도 만들어지기 이전의 본래 마음은 모양도 없고 방위(方位)와 처소(處所)도 없지만, 인연(因緣) 따라 온갖 작용을 베푼다.

미고삼계성(迷古三界城) 오고십방공(惡古十方空)이라.

중생이 미(迷)하면 삼계가 성(城)이지만 깨치면 동서남북이 사라진 십방이 공(空)인 것이다.

상(相) 놀음에 젖어 있는 중생들은 이 말을 알아듣기가 어렵다.

하지만 여기서 바로 계합(契合)이 되어야지, 생각으로 헤아리면 즉시 어긋난다.

진여자성(眞如自性)의 마음자리를 무심(無心) 또는 공성(空性)이라 하는데 마음이 없다는 것이 아니라, 범부의 집착하는 마음(妄心)이 없다는 것이다.

마음은 뿌리요 법(法)은 티끌이니 마치 거울에 묻어있는 때의 흔적과 같다. 이때가 제거되어야 비로소 생사(生死)가 없는 경지에 이르게 되는 것이고, 당당한 대도(大道)는 대단히 밝고 분명하여 사람마다 본래 구족해 있고 원만히 이루어져 있지만, 다만 한 생각으로 인하여 만(萬) 가지 모양을 나타내는 것이다.

세간(世間)은 환화(幻化)이며 일체(一切)는 무상(無常)한 객진(客塵)이다.

오직 태허공(太虛空)의 체(體)만 있으니, 그 자리에는 형색과 소리를 두지 못하며 털끝만큼의 먼지도 세우지 못한다. 만약 부처님과 조사를 초월하고자 할 때에는 모름지기 생각 생각이 다 공적(空寂)해야 한다.

우리의 식심(識心)으로 구분하는 것은 모두 전도몽상(顚夢想)이고 "이뭣고"로 관조(觀照)해 보면 '있다' '없다'를 떠난 진여실상(眞如實相)의 반야지혜(般若智慧) 자리이다.

마음을 떠난 일체의 상(相)은 무자성(無自性)의 연생법(緣生法)이어서 생멸(生滅)이 있고, 무상(無常)한 것이다.

우리의 몸뚱이도 자성이 없어 허망한 것이어서 인연이 다하면 놓고 가는 것이고, 죄(罪) 또한 무자성(無自性)이라서 부처님 당시 99명을 죽인 앙굴리마라도 참회하고 부처님 제자가 되었고,『화엄경』

「입법계품」에 선재동자가 구도(求道) 여행 중에 찾아가는 53선지식 중에 창녀 바수밀다도 선지식으로 나온다. 물론 중생의 욕망에 따라 몸을 나타내 제도한 보살의 화신(化身)이지만, 업식(業識)에서 벗어나면 마음과 부처와 모든 중생이 차별(差別)이 없는 본래 부처인 것이며, 백겁적집죄(百劫積集罪) 일념돈탕진(一念頓湯盡)이라,

백겁 동안 쌓인 죄도 한 생각에 몰록 소멸시켜 버리는 그 일념이 "이뭣고"이다.

요견삼세제불마(要見三世諸佛麼)?

"삼세의 모든 부처님을 보고자 하는가?"

연하휴해갈(沿河休解渴) 파병막언기(把餠莫言饑)라,

"큰 강을 따라 내려가며 목마르다 하지 말고, 떡을 손에 쥐고 있으며 배고프다 하지 말라." 하였다. 그렇다면 어떻게 해야 하겠는가?

모든 부처님이나 조사와 팔만사천 법문(法問)도 다 반야바라밀을 의지(意志)하여 밖으로 드러내 보인 것이니, 이 반야(般若)를 믿고 "이뭣고"로 쓰는 것이 불행(佛行)이며 대신통(大神通)인 것이며, 오직 모르고 모를 뿐인 당처(當處)를 찾아가는 유일한 길이 "이뭣고"인 것이다.

또한 반야(般若)의 반대가 무명(無明)인데, 중생의 생각으로 구분하는 식심(識心)을 "이뭣고" 수행으로 반야지(般若智)로 바꾸는 것을 망상(妄想)을 여읜다고 한다.

우리가 즐거울 때나 괴로울 때, 화가 났을 때 그 마음이 경계에 끌려가거나 따라 가지 말고 그 순간 알아차리고 바로 "이뭣고?" 하면 홍로일점설(紅爐一点雪)이라, 붉은 화로에 눈(雪) 한 송이가 떨어져 녹아 버리듯이, 내 안의 용광로(鎔鑛爐)가 분별망심을 다 녹여주며, 업장소멸(業障消滅)로 이어지는 것이며 보리자성본래청정(菩提自性本來淸淨) 단용차심즉료성불(但用此心卽了成佛)이라.

우리의 자성은 본래 청정하니 여의보주(如意寶珠)인 "이뭣고"를 생활 속에서 굴려 쓰면 그대로 부처인 것이다.

성불(成佛)로 가는 "이뭣고"

부처님께서

아난존자에게 참선(參禪)에 대하여 말씀하시기를

"설사 억천만겁 동안 나의 깊고 묘한 법문을 다 외운다 하여도 단 하루 동안 도(道)를 닦아 마음을 밝힘만 못하느니라. 내가 아난과 같이 멀고 먼 전생부터 같이 도(道)에 들어 왔다. 그러나 아난은 항상 글을 좋아하여 글 배우는데 힘써 왔기 때문에 이제까지 성불(成佛)하지 못하였지만, 나는 반대로 참선(參禪)에만 힘써 도(道)를 닦았기 때문에 벌써 성불(成佛)하였다."고 하셨다.

간화선 "이뭣고"는 밖으로 상(相)에 매어있는 중생들을 내 안의 공성(空性), 불성(佛性)으로 회귀(回歸)시키는 일대사 인연(因緣)인 것이며, 아상我相이 떨어져 나간 그 공성(空性)자리는 우리의 육안(肉眼)으로는 볼 수 없는 오직 모르고 모르는 일을 마친 사람의 경계(境界)이며 본래 내 고향인 것이다.

　종일수타보(終日數他寶) 자무반분전(自無半錢分)이라

"종일토록 남의 보물을 세어도 나에게는 반 푼어치의 이익이 없다." 하였다.

　내 근본 자성불을 외면한 채 밖으로 상(相)을 쫓아 평생을 기복으로 귀중한 시간을 흘러 보내고 있으니 언제 다시 인간 몸 받아 불법(佛法)만나 깨쳐 본래 내 고향에 이르겠는가?

　진일심춘불견춘(盡日尋春不見春) 망혜편답롱두운(芒鞋遍踏龍頭雲)

　귀래소연매화취(歸來笑撚梅花臭) 춘래지두이십분(春在枝頭已十分)이라,

"어떤 사람이 봄을 찾아 자기 집을 나서 하루 종일 산비탈과 들머리를 집신이 다 닳도록 헤매고 다녔으나, 아무데서도 찾지 못하고 다시 자기 집으로 돌아왔을 때, 담 옆에 있는 매화나무가지에 꽃망울 터진 것을 보고 반가워서 다가가 매화 꽃 가지를 잡아당겨 향기를 맡아보니 봄은 그 꽃향기 속에 있더라." 하였다.

　견성성불도 진여불성인 자기 내면에 본래 구족되어 있는 자성불을 본다는 것이지 어디 멀리 밖에서 찾는 것이 아니며, 우리 인생의 행복 또한 외부적인 물질로 채워지는 것이 아닌 자기 심성에서 우러나와야 참된 것이 되는 것이다.

그물에 천 코가 있지만, 고기가 걸리는 것은 "이뭣고" 한 코인 것이다. 사업성취(事業成就)도 "이뭣고" 수행을 잘해야 훌륭하게 이루어지는 법이다.

옛날 염관(鹽官) 스님 문하에 칠백여 명의 제자 중 쉬일 스님이 있었는데, 나이가 50세가 넘도록 매일 대중(大衆) 스님들의 뒷바라지만 하고 공부를 게을리하며 세월을 보내고 있던 어느 날 저녁 법당 옆을 지나가는데, 9척 장신이나 되는 험상궂게 생긴 놈이 시커먼 옷을 입고 우뚝 서 있는 것을 보고 깜짝 놀랐다.

'나' 라는 아상(我相)이 남아 있으니까 놀라는 것이다.

"당신 누구요?"

"염라대왕이 당신을 끌고 오라 해서 왔소."

내가 스님 시봉과 대중들 뒷바라지나 하다가 공부를 못하고 이렇게 되었으니, 우리 염관 스님 법문에 "칠 일만 목숨 걸고 참선하면 해탈한다." 하였으니 나에게 일주일만 시간을 좀 주십시오!"하고 간절히 애원하니, "내가 결정할 일이 아니니 염라대왕에게 허락받고 오겠다." 하고 돌아가자, 바로 그 자리에 앉아 "이뭣고" 화두를 들었다.

번갯불 속에 바늘귀에 실이 쑥 들어가듯이 "이뭣고" 삼매(三昧)에 빠져 버리니, 저승사자가 칠 일 후에 다시 와서 아무리 그 시자를 찾아도 몸뚱이가 보이지 않게 되었다.

『화엄경』에 초발심시변정각(初發心時便正覺)이라,

누구나 내가 본래불(本來佛)임을 철저하게 믿고 금생(今生)에 생사고(生死苦)에서 벗어나겠다는 큰 원력(願力)을 세우고 "이뭣고" 하면 그 순간이 초발심이며, 중생의 옷을 벗는 순간이 정각(正覺)인 도솔천 내원궁인 것이다.

마음
(心)

무변허공(無邊虛空) 각소현발(覺所顯發)

『능엄경』에

공생대각중(空生大覺中) 여해일구발(如海一구發) 유루미진국(有漏微塵國) 개종공소생(皆從空所生) 구멸공본무(漚滅空本無) 황부제삼유(況復諸三有)

"허공(虛空)이 대각(大覺) 가운데서 생기게 된 것이 마치 바다에서 물거품이 하나 일어나는 듯하고, 미진같이 수없는 유루국토들이 모두 허공을 의지하여 생겼다.

물거품이 소멸하면 허공도 본래 없거늘 하물며 다시 삼유(三有) (三界)가 있겠는가?"

각(覺)의 바다 그 성품(性品)은 맑고 둥글어 각(覺)이 원래 묘(妙)하고 묘하다.

원래 밝은 원명(元明)이 비추어 대상(對象)(所)을 내나니 소(所)가 성립(成立)되고는 비추는 성품(性品)이 없어졌네.

대각(大覺)이 무엇이기에 온 우주를 다 감싸고 있는 저 넓은 허공이 대각(大覺) 가운데서 나왔다고 하는가?

대각(大覺)이란 사람들의 마음(心)이다. 마음에서 허공(虛空)이 생겼고 허공에 의지하여 모든 세계와 온 우주가 다 존재한다.

허공(虛空)은 대각에서 볼 때 큰 바다의 거품 한 방울이라 하였다.

그 거품이 금세 소멸하듯 본래 없는 그 허공까지 없는데, 우리가 의지해서 사는 삼유(三有)인 욕계 색계 무색계가 어디 있겠는가? 모두가 다 환영(幻影)이요, 그림자이다.

그와 같이 삼계(三界)안에서 일어나고 있는 모든 인생사(人生事)도 역시 환영이며 물거품이며 그림자이며 꿈 속의 일이다.

그러나 불생불멸(不生不滅)의 상주법계(常住法界)는 부증불감(不增不滅)과 거래(去來)가 영절(永絶)한 중중무진연기(重重無盡緣起)가 있을 뿐이니 이것이 제법(諸法)의 실상(實相)이다.

이 무진연기상의 일체 생명은 성상일여(性相一如)이며 물심불이(物心不二) 여서 유정무정의 구별이 없고 생명(生命)은 유정무정(有情無情)의 총칭(總稱)이다.

그러므로 무정설법을 들을 수 있어야만 생명의 참소식을 알게 되는 것이니 개개생명(個個生命) 전체가 절대(絶對)여서 생명거래(生命去來)가 없는 것이다.

무정물(無情物)도 항상 활동하고 있으니 바위도 무정물을 구성하고 있는 근본요소인 소립자(素粒子)들이 원자핵 안에서 돌아가는 운동을 하고 있다.

허공(虛空)이 그렇게도 광활하지만 진여법계(眞如法界)에 비하면 대해(大海)의 일적(一滴)에 불과하므로 허공이 대각(大覺)속에서 생기(生起)함은 대해의 물거품이 하나 일어남과 같다고 하였다.

심수만경전(心隨萬境轉) 전처실능유(轉處實能幽)

수류인득성(隨流認得性) 무희역무우(無喜亦無憂)라,

"마음은 온갖 경계를 따라 구르고 구르는 곳마다 실로 능히 깊고 그윽하다.

흐름을 따라 성품을 득하면 기쁨도 또한 근심도 없느니라."

이십이조 마라난 존자가 그의 이십삼조 학르나 존자에게 설하여 오백 마리의 학(鶴)을 제도케 하신 송(頌)이다.

본 성품을 보아 견성한 삶은 기쁜 일과 슬픈 일이 생기더라도 그것에 빠져들거나 상처를 받지 않는 것이다.

『원각경』에

무변허공(無邊虛空) 각소현발(覺所顯發)이라,

이 허공계 온 우주(宇宙)가 모두가 내 것이니 마음 놓고 살아라.

무변허공도 각(覺) 즉 "이뭣고"의 시(是)에서 나툰 것이다. 우리 모두에게 있는 각성(覺性)이라는 마음 그릇은 이처럼 신령(神靈)한 것

으로 신통묘용이 우리 앞에 현전(現前)하고 있는 것이다.

천지여아동근(天地如我同根) 만물여아동체(萬物如我同體)라,

하늘과 온 대지가 나와 한 뿌리인 생사가 없는 시(是)요, 삼라만
상의 모든 물체가 나와 한 몸인 시(是)인데, 천당(天堂)은 갈 곳이요,
지옥(地獄)은 못 갈 곳이라면, 우주(宇宙)가 내 한 몸이요, 천당과 지
옥이 내 한 집인데, 중생은 한 세계를 두개로 갈라놓고, 한 몸을 분
신(分身)시켜 천당 지옥으로 나누어 보내고 있으니, 이것이 중생의
업연(業緣)으로 이어지게 된 것이다.

과수게(過水偈) (동산양개 선사 오도송)

절기종타멱(切忌從他覓) 초초여아소(迢迢與我疎) 아금독자왕(我今獨自往)
처처득봉거(處處得逢渠) 거금정시아(渠今正是我) 아금불시거(我今不是渠)
응수임마회(應須恁麼會) 방득계여여(方得契如如)

"밖에서 찾지 마라 갈수록 나에게서 멀어지나니, 나 이제 홀로
가메 곳곳에서 그를 만나노라. 그가 바로 지금의 나이지만 나는 지
금 그가 아니로다. 이렇게 깨달아야 바야흐로 진여(眞如)와 하나되
리라."

'나'는 주체적인 진아(眞我)를 말하고 '그'는 그림자인 허깨비 나
다. 우리의 육신이나 그림자는 생사가 없는 존재의 밑바탕인 진아
(眞我)의 환영에 불과 한 것이다. 동산이 개울물을 건너다가 물속에
비친 그림자를 보고 자기의 실체를 견성(見成)한 것이다.

혜심(慧諶)**의 대영**(對影) **물에 비친 나**

지변독자좌(池邊獨自坐) 지저우봉승(池底偶逢僧)

묵묵소상시(默默笑相視) 지군어불응(知君語不應)

"고요한 연못가에 외로이 홀로 앉았는데, 잔잔한 물 밑에 우연히 또한 중(僧)을 만났네, 둘이 서로 바라보며 말없이 미소만 지으니 마음과 마음이 비춰서 통하니 무슨 말이 소용이랴"

번뇌 망상이 다 소멸된 구름 거친 푸른 하늘과 맑은 호수가 하나 되어 말은 없어도 서로 바라보며 만년 미소 짓고 있는 경지이다.

소소영영(昭昭靈靈)한 주인공(主人公) "이뭣고"

마음(心)이란 곧 성품(性品)이며, 깨달음이며 부처이다. 마음이란 형상과 방향과 장소가 없으므로 마침내 얻을 수 없는 것이며, 청정한 그대로 법계(法界)에 두루하여 가는 것도 오는 것도 아니며, 본래 완성된 청정한 법신부처이다.

그러나 우리가 마음이라고 알고 쓰고 있는 식심(識心)은 밖으로는 육진경계에 끌려가서 타향살이를 하고 있고, 안으로는 끌어 당겨서 객진번뇌(客塵煩惱)와 동거하며 생로병사의 중생 삶에서 벗어나지 못하고 있는 것이다.

누구냐? 물음의 답은 마음이니, 말은 마음을 따라서 일어나므로 마음은 이 말의 머리요, 생각은 마음으로부터 일어나므로 마음은 생각의 머리이며, 또한 만법(萬法)이 다 마음으로부터 생기므로 마음은 만법의 머리이고, 실로 화두(話頭) "이뭣고"의 '이'(是)는 염두 (念頭)이며, 생각 전에는 이 마음이다.

한마디로 한 생각도 생기기 이전에 화두(話頭)는 이미 이루어지는 것이다. 이는 모든 부처님과 중생이 다 꼭 같이 갖춰져 있으니, 만약 망상(妄想)과 집착(執着)만 여의면 그대로 부처이다.

약인정좌일수유(若人靜坐一須臾) 승조항사칠보탑(勝造恒沙七寶塔)

보탑필경화위진(寶塔畢竟化爲塵) 일념정심성정각(一念淨心成正覺)이라.

"불교수행의 근본목적은 내면의 마음을 밝히는 데 있기 때문에 밖으로 아무리 많은 탑을 쌓고 절을 짓는다해도, 그것은 유형의 존재들이기 때문에 언제인가는 필경 먼지 티끌로 돌아가지만, 참선을 통하여 본래 청정한 내 마음 자리와 하나가 되면 그것이 성불(成佛)인 것이다."

그러나 중생은 어리석은 그 고통으로서 진리(眞理)를 뒤로 한 채 한 생각 무명(無明) 때문에 애착고(愛着苦)가 되어 본래 없는 죄업(罪業)이 항상 있어서 윤회를 하고 있고, 중생은 음(陰)과 양(陽)으로 나누어져 흑백(黑白), 선악(善惡), 귀천(貴賤)이 있는데, 이 몸뚱이 끌고 다니는 이 신령스럽고 뚜렷한 소소영영(昭昭靈靈)한 주인공(主人公)인 시심마(是甚麼) 시(是)는 오직 홀로 짝이 없어 청청한 본래 그대로 이다.

천지불능장구재(天地不能長久在) 항차소생천지간(況且所生天地間)

당당불수음양자(堂堂不受陰陽者) 역겁다생자재신(歷劫多生自在身)라,

"법신(法身)은 음양(陰陽)으로 나뉘지 않고 또한 인연(因緣)을 따르지도 아니한다.

그러나 색신(色身)은 음양으로 된 것으로 생 노 병 사(生老病死)의 고(苦)가 있고 무상(無常)한 것이고 천명(天命)을 따라야 하지만, 참 성품은 우주법계에 두루해 오고 감에 걸림이 없는 원융무애하고 자유자재한 것이다."

심불급중생(心佛及衆生) 시삼무차별(是三無差別)이라,

부처님이나 범부나 축생이나 미물에 이르기까지 차등 없이 이 천연물(天然物)을 사람마다 다 가지고 있지만 다만 인연(因緣)에 따라 오고 가되, 오고 간 바가 없는 것이다.

이 법(法)을 알아서 항상 그 놈을 찾으면 언제나 함께 하고 있는 "이뭣고"이지만, 천자(天子)가 되고 왕(王)이 되고 장군(將軍)이 되어도 잠시 그 역할(役割)만 하다가 캄캄한 생사고해 속으로 흘러 들어갈 뿐이다.

『법화경』 사구게에도

제법종본래상자적멸상(諸法從本來常自寂滅相)

불자행도이래세득작불(佛子行道已來世得作佛)

"모든 법은 본래부터 그대로 적멸의 모습이니 불자들이 이 이치

(理致)를 깨달으면 그 순간 부처님이다." 하셨다.

우리가 보는 세계가 중생의 눈으로 봐서 그렇지, 마음(智慧)의 눈으로 보면 그대로 부처이며, 모두가 진리(眞理)이고, 본래 깨쳐있는 부처임을 믿으면 중생이 곧 부처라는 말씀이다.

다만 한 생각 무명(無明) 때문에 오온(伍蘊)으로 잠시 이루어진 가아(假我)가 아상(我相)이 되어 꿈을 꾸고 있지만, 그 망상(妄想)과 집착(執着)으로 이루어진 꿈을 깨면 그대로 부처인데, 그 꿈을 깨는 참 수행이 바로 "이뭣고"이다.

참마음 "이뭣고"

심부재언(心不在焉) 시이불견(視而不見) 청이불문(聽而不聞)이라.

"삿된 마음이 없으면 봐도 본 바가 없는 것이고, 들어도 들은 바가 없는 것이다."

참 마음은 사람의 본원(本源)이고 생명(生命)의 원천(源泉)이다.

일체 만법(萬法)이 다 이 마음에 있다.

한 법도 만들어지기 이전의 본래 마음은 모양도 없고 방위와 처소도 없지만, 인연(因緣) 따라 온갖 작용을 베푼다.

이 지구가 수명이 다하여 끝날 때 괴겁(壞劫)의 불길이 일어나서 저 바다를 다 태우고 히말라야 산과 태산이 서로 부딪혀서 가루가 되더라도 이 한 물건은 여여부동하다.

이것을 '상常(영원하고) 락樂(행복하고) 아我(자유롭고) 정淨(번뇌가 없고)'

이고, 참되고 항상 적멸의 즐거움인 열반적정(涅槃寂靜)이라 하고 굳이 이름을 붙이자면 '참마음'이라 한다.

이 마음을 깨치면 그대로 부처인 것이다.

미고삼계성(迷古三界城) 오고십방공(惡古十方空)이라,

중생이 미하면 삼계가 성이지만 깨치면 동서남북이 사리진 십방이 공(空)인 것이다.

상(相) 놀음에 젖어 있는 중생들은 이 말을 알아듣기가 어렵다.

하지만 여기서 바로 계합(契合)이 되어야지, 생각으로 헤아리면 즉시 어긋난다.

진여자성(眞如自性)의 마음자리를 무심(無心) 또는 공성(空性)이라 하는데 마음이 없다는 것이 아니라, 범부의 집착하는 마음(妄心)이 없다는 것이다.

무심(無心)자리는 생멸심(生滅心), 취사심(取捨心), 애증(愛憎), 질투(嫉妬), 분별시비(分別是非)가 없는 순수하고 진실 된 깨달음인 보리자성(菩提自性)의 마음이다.

영가현각 스님은 "마음은 뿌리요 법(法)은 티끌이니 마치 거울에 묻어있는 때의 흔적과 같다. 이때가 제거되어야 비로소 생사가 없는 경지에 이르게 된다." 하였고,

야보도천 스님은

"당당한 대도(大道)는 대단히 밝고 분명하여 사람마다 본래 구족(具足)해 있고 원만히 이루어져 있지만, 다만 한 생각으로 인하여 만

(萬) 가지 모양을 나타낸다." 하였다.

세간(世間)은 환화(幻化)이며 일체(一切)는 무상(無常)한 객진(客塵)이다. 오직 태허공(太虛空)의 체(體)만 있으니 그 자리에는 형색과 소리를 두지 못하며 털끝만큼의 먼지도 세우지 못한다. 만약 부처님과 조사를 초월하고자 할진대 모름지기 생각 생각이 다 공적(空寂)해야 한다. 우리의 식심(識心)으로 구분하는 것은 모두 전도몽상(顚倒夢想)이고 혜안(慧眼)으로 보면 '있다' '없다'를 떠난 반야지혜 자리이다.

그러나 마음을 떠난 일체의 상(相)은 무자성(無自性)의 연생법(緣生法)이어서 생멸(生滅)이 있고, 무상(無常)한 것이다.

『능엄경』 사구게

색유동정(色有動靜) 견성부동(見性不動)

성유생멸(聲有生滅) 문성상재(聞性常在)

물질은 움직임과 머무름이 있지만 물질을 보는 성품(性品)은 부동하다.

들리는 소리는 생과 멸이 있지만 소리를 듣는 성품은 항상하다.

듣고 보는 참 성품 자리에서는 부동(不動)인데, 경계에 끄달려 분별하고 생멸하는 마음은 주객(主客)이 전도(顚倒)된 거짓 나로서의 중생의 삶이라는 것이다

그래서 반문문성(反聞聞聲)이라, 소리를 듣는 놈 이것이 무엇인고? "이뭣고"이다.

깊은 산중에 큰 스님이 계셨는데, 마을에 내려가 일을 하시고 공양미를 받아와 생활하셨다. 산 중에 산적들이 살고 있어 오고 가시며 산적 두목에게 불법에 귀의 할 것을 권하였다.

하루는 산적이 스님의 뱃속에 부처가 있다고 하시는데, 이 칼로 스님의 배를 갈라서 부처가 나오면 귀의 하겠다며 칼을 가슴에 대었다.

보통 사람 같으면 기절초풍 할 것이지만, 스님께서 나무 가지에 쳐놓은 거미줄을 가리키면서, 저 거미가 궁둥이로 줄을 쳐서 거미줄을 만들지만 만약 거미를 잡아서 배를 갈러본들 그 속에 거미줄이 있겠느냐?

"불성(佛性)도 너에게 온갖 신통(神通) 묘용(妙用)을 다 부리지만, 볼래야 볼 수도 없고, 만질래야 만질 수도 없는 한 물건이 부르면 예! 대답하고, 목마르면 물을 마시는 그 놈이 바로 부처니라." 하시니 무릎을 꿇고 절을 올리며 귀의하였다.

일체유심조(一切唯心造)

『화엄경』 사구게

심여공화사(心如工畵師) 능화제세간(能畵諸世間)

오온실종생(伍蘊實從生) 무법이불조(無法而不造)

"마음은 그림을 그리는 화가와 같아서, 능히 세상사를 다 그려낸다. 오온이 다 마음으로부터 나온 것이어서 무엇도 만들어내지 않은 것이 없다. 색수상행식(色受想行識)이 모두 마음의 작용이라는 구체적인 내용이다. 마음(妄心)이 본래 없는 것(本無妄心)이지만, 만들지 못하는 것이 없다는 것이다."

일체유심조(一切唯心造)이기 때문에 동시에 본래 무일물(無一物)이며, 본래 무일물이기 때문에 다만 망심(妄心)의 작용인 일체가 유심조이다. 망심(妄心)이 있기 때문에 나와 세상이 있는 것이며, 망심이 없다면 본래 있는 것이 아니다. 생사 고통도 유위법인 환(幻)일 뿐이다.

마음하나 일으켜 신구의(身口意) 삼업(三業)을 만들어내고 마음으로 이 우주 법계 모든 세상을 만들어내고 마음으로 삼독심(三毒心)을 일으키고 마음으로 삼학(三學)을 닦아간다.

마음으로 번뇌(煩惱)와 집착(執着)을 일으켜 육도를 윤회하게 되고 마음으로 집착을 끊고 해탈 열반의 세계로 나아가는 것이다.

마음자리 깨치면 텅 빈 충만이며, 여여(如如)하고 적적(寂寂)한 부처요 깨치지 못하면, 두두물물 산하대지(山河大地)가 천차만별로 벌어지는 중생의 세계이다.

"부처, 참나"는 개념(槪念)이 아니라 이름(名)이나 모양(色)에 있는 것이 아니다.

그러나 중생이든 부처든 그 근본(根本) 마음은 하나이다.

우주만물을 창조(創造)하는 "텅 빈 충만(虛空心), 공적영지(空寂靈智)"이다. 법계의 성품(性品)이 바로 나의 성품이고 법계의 근본(根本)이 나의 근본이다. 법계의 성품을 관(觀)하라는 뜻은 바로 나의 근본 성품을 살피라는 말이다.

그 관법(觀法)이 "이뭣고"이며 번뇌와 집착과 망심을 끊어 열반의 세계로 이끄는 금강보검(金剛寶劍)이 "이뭣고"이다.

재명심견성(在明心見性)

달마스님께서

외식제연(外息諸緣) 내심무천(內心無喘)

심여장벽(心如障壁) 가이입도(可以入道)라,

"밖으로 여러 반연(攀緣)을 끊고, 안으로 부단한 욕심(慾心)으로 헐떡거리지 않고, 마음이 철석같이 흔들림이 없어야 도(道)에 든다." 하였다. 반연(攀緣)은 인연(因緣)과 연관이 있다. 원인(原因)이 조건(條件) 즉 연(緣)을 만나는 것을 반연한다고 하며 그래야 과보를 낳게 된다. 마치 씨앗이 물, 온도, 영양분을 만나야 자라서 열매를 맺는 것과 같다. 이것을 의식작용에서 살펴보면 마음이 외부 경계에 끄달려 반응하는 것을 반연한다 하지만, 내부의 의식(意識)이 전생의 기억(記憶)인 업식(業識)을 상대해서 생겨난 생각, 기분, 감정들도 반연심이다.

이것은 본래 청정한 마음이 아닌 작용에 의해서 생겨난 마음의 작용으로서 마치 본래마음이 물이라면 물위에서 생겨난 물결(번뇌망상) 같은 것이다.

수행하는 사람은 육근(六根)을 거두어 들여 한 생각이 일어나는 곳을 좇아 살피고, "이뭣고"로 비추면 생각을 떠난 청정한 자기의 마음에 도달하게 된다.

다시 면밀히 하고 담담하게 고요히 하고 "이뭣고"로 비추어 보면, 곧바로 오온(伍蘊)이 다 공(空)하고, 몸과 마음이 함께 고요하여 마침내 한 일도 없게 된다.

이렇게 밤이나 낮이나 다니고 앉고 눕거나 한결같이 하여 공덕(功德)이 깊어지면 참 성품을 보고 부처를 이루게 되는 것이다.

참선(參禪)의 목적은 재명심견성(在明心見性)이라, 마음을 밝히고 성품을 보는 것이다.

자기의 성품(性品)이란 곧 여래의 지혜(智慧)와 덕상(德相)이다.

화두 "이뭣고"가 순일해져 한 생각이 일어나고 멸함이 없어지는 것을 고요함(寂)이라 하고, 고요한 속에서 화두가 없는 것을 무기(無記)라 하며, 고요한 속에서도 "이뭣고"가 어둡지 않은 것을 영지(靈知)라 한다.

우리가 생활 속에서 수식관등 명상(冥想)을 하게 되는데, 잘못하면 무기공(無記空) 속에 빠져 귀중한 세월을 헛되이 보내고 있는 경

우를 많이 보게 된다.

구름을 잡고 안개를 움켜쥐는 살아있는 용(龍)이 어찌 썩은 물에 잠겨 있겠으며, 해를 쫓고 바람을 따르는 용맹스런 말이 어찌 마른 동백나무 밑에 엎드려 있겠는가?

한갓 침묵만 지키는 어리석은 선정(禪定)은 기왓장을 갈아 거울을 만들려는 격이고, 문자만을 찾는 미친 지혜는 바다에 들어가 모래를 세는 것이니, 그것은 모두 걸림 없는 기틀과 자재(自在)하고 미묘한 작용을 하는 화두 "이뭣고"를 모르는 것이다.

도(道)를 알려면 "이뭣고"의 '이'를 심안으로 비춰 보아야 하며, 이것은 곧 관심(觀心)이며, "부모에게 태어나기 이전의 본래 면목"은 '시'(是)인 참 성품이다.

그러므로 부모에게 태어나기 이전의 본래 면목을 본다는 것은 곧 마음을 "이뭣고"로 관(觀)하는 것이며, "원만이 청정한 깨달음을 비춘다."고 하는 청정한 깨달음은 곧 '이'(是)인 마음인 것이다.

평상심시도(平常心是道)

도불용수(道不用修) 단막오염(但莫汚染)이라,

도(道)는 닦아서 쓰는 것이 아니다. 도는 그대로 진리(眞理)이고 항상 청정한 그대로이며, 다만 물들 것이 없는 것이다.

만약 도(道)를 닦는다고 하여 선(善)과 악(惡)을 나누어 취하고 버리거나 공(空)을 관(觀)하고 선정(禪定)에 드는 등의 행위를 한다면 이는 모두가 유위법(有爲法)으로서 조작(造作)하는 것이다.

도(道)는 닦을 필요가 없다. 다만 생사심을 가지고 조작하고 추구하는 것이 모두 오염(汚染)이다.

생사심(生死心)이란 의식작용(意識作用)에 의하여 드러나는 경계(境界)에 미혹(迷惑)되어 그 경계가 실재한다고 여겨서 스스로 생멸

(生滅)한다고 착각(錯覺)하고 있는 것이다.

청정한 자성(自性)이 본래 구족(具足)되어 있으므로 스스로 오염되지만 않으면 도(道)는 본래부터 이루어져 있는 것이며, 분별취사(分別取捨)등으로 얻어지는 것이 아니다.

학인이 대주혜회(大珠慧悔)에게 물었다.

"어떤 것이 수행입니까."

"다만 자신의 성품을 오염(汚染)시키지만 마라. 이것이 수행이다." 하였다.

무엇을 오염이라 하는가?

나고 죽는 마음을 일으켜 꾸며대고 취향을 갖는 것은 모두가 오염이다.

마조(馬祖)의 평상심(平常心)이란?

무조작(無造作) 무취사(無取捨) 무시비(無是非) 무단상(無斷常) 무범무성(無凡無聖)이다

닦고 구(求)한다는 것은 조직(造作)이다.

평상시의 마음에 꾸밈도 옳고 그름도 없고 취하고 버림도 없고 연속과 단절도 없고 천함과 성스러움도 없는 조작이 없다는 것은, 시비도 취사심도 분별심도 없다는 말이다.

절대적으로 없다는 것 단(斷)과 항상 있다는 상(常)이라는 견해가 없다는 것이고, 또한 성인도 범부도 없다는 것이다.

지어금행주좌와(只於今行住坐臥) 응기즉물(應機卽物)이라,

"다만 지금 행하고 머무르고 앉고 눕는 현실에서 모든 물건을 그대로 접한다." 이것을 무심(無心), 무생심(無生心)이고 자성청정(自性淸淨)한 것이 바로 도(道)이며, 또한 망상(妄想)과 망념(妄念)이 없으므로 평상심이 시도(是道)라고 한다.

물들이지 않으려고 노력해서 망심이 나지 낳는 것이 아니라, 본래 없는 것, 물들일 바가 없다는 것을 바로 깨친 것을 말한다.

중생심인 취사 분별심을 가지고 "만법이 하나로 돌아간다 하는데, 그 하나는 어디로 돌아가는고?"에서 본래 무일물(無一物)이라," 하나도 없는데 어디로 돌아가는가?" 하고 바로 깨쳐야 된다.

눈이 눈을 보지 못하듯이 우리의 식심(識心)으로 볼 때는 환화, 꿈이 있다고 보지만, 밝은 지혜(智慧)로 보면 본래 공적(空寂)하게 비어 있는 것을 본다는 것이다.

위빠사나 관법에서는 조금만 해도 뭐가 보이고 이상한 것이 나타나는데, 이것은 지어서(作)하는 것이지만 "이뭣고"는 본래 깨끗한 마음자리를 바로 깨닫는 것을 근본(根本)으로 삼는다.

수행(修行)중 어떤 경계가 나타나더라도 무시해 버리고 바로 "이뭣고"로 지워버리고 나가야 한다.

본래 한 물건도 없다는 것이 부처님의 무아사상(無我思想)이다.

모든 부처님의 명호나 대명사도 쓰기 위해서 이름을 붙여 놓은

것인데, 그것을 진짜라고 집착(執着)을 하는 것이 중생이다.

텅 비어서 내세울 것이 뚜렷이 없지만, 부득이 이름을 붙여서 자성청정심(自性淸淨心)이라고 이름하여 쓸 뿐이다.

그러면서도 무한한 것을 다가지고 있으며 항하사 모래수와 같은 대기대용(大機大用)의 묘용(妙用)을 다 갖추고 있다.

어떤 학인이 마조(馬祖)에게 물었다.

"화상께서는 어찌하여 심즉시불(心卽是佛)이라, 마음이 곧 부처라고 하십니까?"

"아기 울음을 그치기 위해서다."

"울음이 그친 뒤에는 어떻게 합니까?"

"비심비불(非心非佛)이라, 마음도 아니고 부처도 아니다."

이 두 가지를 제외한 사람이 오면 어떻게 합니까?"

"부시물(不是物)이라, 그에게는 그 무엇도 아니라고 말하겠다."

즉 부처를 밖에서 찾는 이에게는 "마음이 곧 부처다." 하고, 여기에 집착하는 이에게는 "마음도 아니고 부처도 아니다."하고, 울음을 그친 아기에게는 노란 나뭇잎이 필요 없듯이 (아기 울음을 달래기 위해서 은행나무의 노란 잎을 주면서 진짜 금(金)이라고 속임), "그 무엇도 아니다(不是物)." 한 것이다.

관심일법(觀心一法) "이뭣고"

중국 선종(禪宗)의 초조(初祖) 달마대사가 150세의 나이로 중국으로 건너와서 불교에 대혁명(大革命)을 일으켰는데, 경(經) 염불(念佛), 송주(誦呪)등을 다 부인(否認)하고 관심일법(觀心一法) 총섭제행(總攝諸行) 직지인심(直指人心) 견성성불(見性成佛)이라,

"마음을 관(觀)하는 한 가지 공부에 모든 법(法)이 다 들어있으니, 곧 바로 진심(眞心)을 관(觀)하여 자기의 성품(性品)을 보고 깨달아 생사(生死)가 없는 부처가 되게 한다." 하였고, 진심(眞心)을 관(觀)하는 일법(一法)이 일체 수행법의 근본(根本)이며, 그 관(觀)하는 반야지혜(般若智慧)가 바로 "이뭣고"인 것이다.

육진경계(六塵境界)를 딱 하나로 관(觀)하는 자리가 반야(般若)인데,

저 높고 깊은 곳에서 내 모습을 "이뭣고"로 관조(觀照)해보면, "이뭣고" 앞에서는 서리 맞은 낙엽이 떨어지는 것처럼 아무리 높은 태산 같은 무게의 괴로움과 슬픔도 한 조각 하염없이 흘러가는 뜬 구름일 뿐이요, 금방 질식(窒息), 폭발(爆發)할 것 같은 나의 감정(感情)의 모습도 봄날에 지나가는 아지랑이에 불과 한 것이다.

그러니 생활 속에서 매순간 일어나는 한 생각을 바로 알아차리고(싸띠) 그 뿌리를 "이뭣고"로 찰나에 잘라 버림으로서 제8아뢰야식에 저장되어 있는 업장이 점차 소멸되어 생사고(生死苦)에서 벗어나게 되고, 내안의 자성불인 지혜광명의 스위치를 "이뭣고"로 올려 밝히면 그것이 매순간 반야지혜를 쓰게 되는 것이다.

또한 우리의 모든 소원성취도 내 안의 자성불(自性佛)의 진성연기(眞性緣起)로 이루어지게 되는 것이지 밖에서 빌려오는 것이 아니다.

『화엄경』에
약인욕식불경계(若人欲識佛境界) 당정기의여허공(當淨基意如虛空)
원리망상급제취(遠離妄想及諸趣) 염심소향개무애(念心所向皆無碍)

"만일 부처님의 경계를 알고자 한다면 마땅히 그 마음을 허공같이 하라. 모든 망상과 취하려는 욕심을 여의면 이 마음 가는 곳에 걸림이 없으리라." 하였다. 즉 망념(妄念)만 제거하면 그대로가 부처인 것이다.

화두(話頭)란 지금 우리에게 직접적으로 부딪치는 모든 장애와 관계된 마음의 성질이 화두이다.

생활 속에서 불법(佛法)과 화두(話頭)를 따로 분리시켜 놓으면 생각마다 어려움에 갇혀 움직일 수가 없게 되는 것이다.

본래 어둡고, 밝고, 알고, 모를 것이 없다. 누구나 본래부터 그대로 부처인 것이고, 모든 생명(生命)은 본디부터 깨달음 그 자체이다.

그러므로 본각(本覺)이라 하며 깨닫는 자와 깨닫는 대상은 둘이 아닌데, 둘이 아닌 것을 둘로 나눠놓고 깨달으려 하니 남(南)과 북(北)이 서로 갈라진 것이다.

또한 깨달아 증득(證得)하려는 마음이 앞에 놓여 있기 때문에 장애(障碍)와 어려움이 따르는 것이고, 깨달음을 구(求)하는 것은 자기 집 안방에 앉아서 자기 집을 찾는 격이다.

우리가 삶속에서 나와 너를 둘로 보기 때문에 시시비비(是是非非)가 일어나지만, 깨닫고 보면 남이란 타인(他人)이 아니고 또 다른 나인 것이다.

중생이 아무리 본래부터 뚜렷이 이루어졌다고 하지만 천성(天性)으로 지혜(智慧)의 눈이 어두워 생사윤회(生死輪廻)를 거듭하고 있는 것이다.

만약 세상에서 뛰어난 금강보검(金剛寶劍) "이뭣고"가 아니라면, 누가 무명(無明)의 두꺼운 껍질을 벗겨 주겠는가?

우리가 수행(修行)중 혼침이 일어나는 때를 당하더라도, 뜻을 태산과 같이 세우고 마음을 바다와 같이 편안히 하여 '이'(是)를 심안 (心眼)으로 반조(返照)하며 "이뭣고" 하면 차차 화두가 순일 하게 이어지게 되니, 쇳덩이를 달구어 황금을 만들듯이 오직 모르고 모를 뿐인 그 당처를 간절하게 "이뭣고"할 따름이고, 마음을 경계에 빼앗기고 흩어져 번뇌(煩惱)만 쌓아가고 있는데, 밖의 상념(想念)의 세계에서 "이뭣고"로 근본(根本) 마음자리로 되돌려보는 것이 회광반조(廻光返照)이다.

보리자성(菩提自性) "이뭣고"

시공(時空)을 벗어난 시심마(是甚麼) '시'(是) 자리는 동서남북이 탁 트인 십방(十方)이 공(空)인 시무애(時无涯)자리이며, 개화천지미분전 (開花天地未分前) 화중생연(火中生蓮)이라, 우주가 벌어지기 전에 이미 불 속에서 연꽃이 피어난 처무애(處无涯)인 원각(圓覺)의 자리이다.

보리자성(菩提自性)인 '시'(是)는 그대로 부처의 마음이고 참 생명 (生命)이며, 항상 지혜광명(智慧光明)이 밝게 비추고 있으며, 자타(自他) 의 간격(間隔)이 없는 시공(時空)을 초월한 무처무시(無處無時)한 절대 (絕對)의 자리이다.

깨달으면 본래부터 갖춰져 있는 그 자리 '시'(是)와 하나가 되는 것이다.

범우불료자성(凡愚不了自性) 불식신중정토(不植身中淨土) 원동원서(願東願西)

오인재처일반(惡人在處一般) 소이불언(所以佛言) 수소주처(隨所住處) 항안락(恒安樂)

"범부는 무식해서 자기의 성품을 모르기 때문에 자기의 몸속에 있는 정토를 모르고 동서로 헤매고 찾고 있지만, 깨달은 사람은 어디에 있으나 그곳이 정토(淨土)라, 부처님께서 말씀하시기를 머무는 곳을 따라 항상 안락하다." 하였다.

생처방교숙(生處放敎熟)하고 숙처방교생(熟處放敎生)이라.

"익은 것은 설게 하고 설은 것은 익게 하라." 하였다.

세세생생 익혀서 숙달된 습관(탐진치)은 설게 하고, 반야지혜를 생활 속에서 살려 쓰는 "이뭣고" 수행을 익게 하라는 말이다.

중생들은 마음의 때를 씻어 자성청정한 본래자리를 밝혀 쓰려고 하지 않고 겉 때를 벗기는데 하루하루를 헛되게 낭비하고 있다는 것이다.

우리가 일상 속에서 분노. 화. 의심. 신경질. 후회 등이 일어날 때마다 그 생각에 집착하여 따라가지 말고 즉각 이 화(禍)가 어디서 왔는고? 하며 알아차리고 "이뭣고" 하면 그 즉시 "이뭣고"가 자기 용광로 속에 넣고 바로 녹여주게 되어 있다.

다겁생래로 아뢰야식(장식)에 저장해 놓았던 업식(業識)을 그대로
다시 재생(再生)하여 표출되는 감정을 억제시키며 한 박자 쉬게 되어
점차적으로 위기의 상황에서 벗어나게 되며 쫓기지 않고 자동적으
로 인욕바라밀(忍辱波羅密)이 되어 평온을 유지하게 되는 것이다.

'이(是)'는 언전대기(言前大機)인 반야지혜로서 일체만법을 들이고
내는 당처이며, 일체 제불(諸佛)의 불모(佛母)로서 "이뭣고"는 반야지
혜를 살려 쓰는 대활구(大活口)인 것이다.

우리가 생활 속에서 "이뭣고" 하면 캄캄한 어둠을 뚫고 내면의
대광명大(光明)인 반야지혜에 바로 연결시켜주는 긍정(肯定)과 확신
(確信)의 코드(cord) 역할을 하기 때문에 언제나 "이뭣고" 코드만 꽂
으면 여의보주(如意寶珠)를 굴려 쓰게 되는 것이다.

지혜(智慧)를 굴려야 반야(般若)이고 공덕(功德)이 따라야 바라밀이
며, 절대궁극(絶對窮極)의 그 자리는 오직 모르고 또 모를 뿐이다.

그래서 "이뭣고"인 것이며, 생활 속에서 "이뭣고"를 승속(僧俗)을
막론하고 누구나 굴려 써야 생사고해를 벗어나 성불(成佛)할 수 있
는 것이며, "이뭣고"가 익숙해지면 모든 번뇌가 사라지면서 본래
의 고요한 성품인 자신의 본바탕(本地)에서 온갖 지혜의 작용이 저
절로 흘러넘치게 되는 것이다.

진정眞淨) 스님께서

무진성해함일미(無盡性海含一味) 일미상침시아선(一味相沈是我禪)

"다함이 없는 자성 바다는 한 맛이나, 그 한 맛도 끊어져야 나의 선(禪)이다." 하였다.

무진성해가 한 맛이니 완전히 통해버린 무애법계(無碍法界)이지만, 그 한 맛이라는 화엄(華嚴), 법화(法華), 일승(一乘)에서도 벗어나야 중도(中道)인 선(禪)이며 "이뭣고"인 것이며, 폭포수에서 떨어지는 물길을 따라 생사고해(生死苦海)의 바다로 떠내려가면서 하는 기도(祈禱)는 삼아승지겁을 지나 깨달을 수 있는 생사법(生死法)이지만, 간화선 "이뭣고"는 폭포수가 떨어지는 근원(根源)을 향해 역류하여 정점(頂点)으로 거슬러 올라가 생사(生死)가 없는 원각(圓覺)인 내 고향에 도달하여 성불(成佛)을 이루게 하는 불가사의(不可思議)한 부처님의 위신력인 것이다.

그래서 중생들은 실체가 없는 그림자와 소리의 메아리에 집착하고, 평생을 흙덩이를 진주(珍珠)로 착각(錯覺)하고 살기 때문에 속된 인연(因緣)에서 벗어나기 위하여 "이뭣고?"로 회광반조 하라는 것이며, 온갖 망상(妄想)을 쫓아 경계에 집착하지 말고, 생각의 뿌리인 마음을 "이뭣고"로 관(觀)하라는 말이다.

망연(忘緣)을 이뤘고"로 여의어라!

백장 선사의 법을 이어받은 신찬 선사가 어렸을 때 계현(戒賢) 대사에게 출가 하였는데 경학(經學)에만 몰두하고 참선에는 뜻이 없어, 백장선사를 찾아가 참선정진 끝에 견성오도(見性惡道)한 후 은사인 계현 스님을 찾아오자,

스승은 "너는 나를 버리고서 여러 해 동안 소식이 없더니 그동안 무슨 소득이나 있었느냐?"

하시니 본래무일물(本來無一物)인데 얻을 것이 무엇이 있겠습니까?" 하니 스승은 그 뜻을 알아듣지 못하였다.

어느 날 스승은 신찬에게 목욕물을 데우게 하고 등을 밀어 달라고 하였다. 등을 밀어주다가 호호법당(好好法堂) 불무영험(佛無靈驗)이라,

"법당(法堂)은 훌륭한데 영험(靈驗)치 못하군."하며 혼자 말로 중얼

거리니, 스승이 뒤를 돌아보았다. 그러자 "불무영험(佛無靈驗) 유방광(有放光)이라."

부처는 영험치 못하나 방광(放光)은 할 줄 아는군!"하며 거리낌 없이 또 중얼 거리니, 스승은 무엇인가 가슴에 와 닿는 느낌이 들며 신찬이 범상한 인물이 아님을 짐작하게 되었다.

어느 날 스승이 경서를 열심히 보고 있는데, 벌이 한 마리가 방에 들어와 열려있는 문은 마다하고 닫혀있는 창문으로만 나가려고 탕탕 몸을 부딪치며 애를 쓰고 있으니,

공문불긍출(空門不肯出) 투창야대치(投窓也大痴)

백년찬고지(百年鑽古紙) 하일출두기(何日出頭期) 라.

"아- 어리석은 벌이여! 활짝 열어놓은 저 문은 어이 마다하고 굳게 닫힌 창문만 안타까이 두드리는고? 백년을 경서만 뚫어지게 본들, 어느 날 깨치기를 기약하겠는가!"하고 읊으니, 보던 경서를 덮어놓고 "나는 네가 나가서 허송세월을 하고 돌아온 줄 알았더니 그동안 누구에게서 어떤 법을 배웠느냐?"하고 물으니 "백장선사 법좌(法座)에서 참선수행으로 깨닫고 왔습니다."하니 스승께서 "오! 기특한 일이로다. 네가 비록 내 상좌(上佐)이나 공부로는 나의 스승이니 백장선사를 대신해서 나에게 불법을 설해다오."하였다.

신찬이 법상에 올라

영광독로(靈光獨露) 형탈근진(逈脫根塵) 체로진상(體露眞相) 불구문자

(不拘文字) 진성무념(眞性無染) 본자원성(本自圓成) 단리망연(但離妄緣) 즉 여여불(卽如如佛)이라.

"신령스런 빛이 홀로 들어나 육근육진을 벗어나 본체가 참모습을 드러내니, 언어와 문자에 의지하지 않네. 참마음 성품은 본래 오염되지 않아 원만하게 구족되어 있으니 단지 망연(妄緣)만 여의면 그대로 여여불 이라네." 하였다.

그러니 한 생각 망념(妄念)이 올라오는 즉시 알아차리고 그 자리에 "이뭣고"하면 육도윤회, 육진(六塵)을 벗어나게 되니 이것이 참수행의 핵심이 되는 것이다.

오로지 망상(妄想)을 쉬어 한 생각도 생기지 않는 곳에 도달해야 망정(妄情)의 티끌에 떨어지지 않고 의상(意想)(알음알이)에 머물지 않는 것이니, 그래서 대상(對象)과 합(合)이 안 되면 무아(無我)인 것이다.

중생은 착각(錯覺)의 내가(我相)있기 때문에 내 것이라는 집착(執着)의 업(業) 보따리 속에 생, 노, 병, 사를 집어 넣고 윤회(輪廻)를 하고 있는 것이다.

단지 부처가 중생이라는 착각에 빠져 있을 뿐이니, 일초직입여래지(一超直入如來地)라, 선가에서는 보살의 수행단계인 57단계를 건너뛰어 곧바로 묘각(妙覺)인 구경각에 이르는 것이니, 일체처 일체시에 한 순간도 놓치지 말고 "이뭣고"가 이어지면 바로 여래의 지위에 오르게 되는 것이다.

송나라 종경(宗鏡) 송(頌)에

보화비진료망연(報化非眞了妄緣) 법신청정광무변(法身淸淨廣無邊)

천강유수천강월(千江有水千江月) 만리무운만리천(萬里無雲萬里天)

"보신(報身) 화신(化身)은 모두 참이 아니고 헛된 인연(因緣)일 뿐 법신(法身)은 맑고 넓어 갓이 없도다. 천강에 물이 있으면 천 개의 달이 있고 만 리에 구름이 없으면 만 리가 그대로 하늘이다."라고 하였다.

한 달이 모든 물속에 나타나니 모든 물속의 달이 한 달에 거두어지며, 물속의 달은 있다 없다 하지만 하늘에 뜬 달은 항상 교교히 빛난다. 한 몸이 천 백억에 나타나지만 천 백억은 다시 한 몸에 거두어진다.

물은 보신(報身)이고 그림자는 화신(化身)이다. 구름 없는 청천의 밝을 달은 법신(法身)이다.

참(眞)은 본래불인 청정법신 비로자나불이며 본래면목이다.

일천 개의 강이 있으면 천개의 달그림자가 드리우지만 물이 망념(妄念)으로 오염되어 있으면 비추지 않는다.

종경스님 송에

월마은한전성원(月磨銀漢轉成圓) 소면서강조대천(素面舒光照大千)

연비산산공착영(連臂山山空捉影) 고륜본불낙청천(孤倫本不落靑天)이라.

"달이 은하수를 지나느라 닳고 닳아서 저리도 둥글어졌는가. 희고 흰 얼굴에서 은빛을 놓아 대천세계를 비추네. 원숭이들이 팔을 이어 부질없이 그림자 달을 잡으려하나 마음 달은 본래 하늘을 떠난 적이 없도다."라고 하였다.

사람들은 세상에 부처님이 출현하여 중생들에게 자비를 베풀고 복을 내려 주신다하니 온갖 공양을 올리니, 5백 마리의 원숭이가 그 마을 뒷동산에 살았는데, 흉내를 잘 내는 원숭이들이 "우리들도 부처님께 공양을 올리자고 의논하다가 마침내 큰 연못가에 떨어져 있는 보름달을 보고서 달그림자를 진(眞)으로 착각하고 모두가 나무위에 올라가서 팔을 뻗고 뻗어서 건지려 하는데, 그 그림자 달은 건지려하면 물이 흐려지니 기다리기를 거듭하다가 힘에 지쳐 모두 물속에 빠져 죽고 말았다. 그 갸륵한 정성스런 마음씨 덕분에 뒷날 500 아라한으로 다시 태어나게 되었다 한다.

색즉시공(色卽是空) "이뭣고"

색(色)이란 유형(有形)을 말하고, 공(空)이란 무형(無形)을 말하는데, 그러면 어떻게 서로 통하고 있는가?

그러나 알고 보면 바위가 허공(虛空)이고 허공이 바위이다.

예를 들어 바위를 자꾸 나누어 가면 분자(分子)들이 모여서 생긴 것이고, 분자는 또 원자(原子)들이 모여서 이루어진 것이며, 원자는 소립자(素粒子)들이 모여서 생긴 것으로 결국 소립자 뭉치인 것이다.

그러면 소립자는 어떤 것인가 하면, 이것은 원자핵 속에 앉아서 시시각각(時時刻刻)으로 색즉시공(色卽是空) 공즉시색(空卽是色)을 하고 있다. 자기 스스로 충돌해서 입자(粒子)가 문득 나타났다가 없어졌다가 하고 있고, 바위도 무정물을 구성하고 있는 근본 요소인 소립자(素粒子)를 세분화하면 머리카락 굵기의 1조분의 1인 쿼크(Quark)

인데 원자(原字)보다 십만 배 이상 작은 원자핵 안에서 자동으로 도는 운동을 하고 있는 것이다.

또한 우주(宇宙)를 형성(形性)하고 있는 근본(根本)은 에너지, 질량(質量), 그리고 광자(光子)이다.

상대성원리인 E=mc2의 공식은 질량이 에너지로 전환되는 것뿐 아니라 에너지가 질량으로 전환된다는 것이다. 그래서 질량과 에너지는 하나이며 부증불감(不增不減)이다.

예로 장작이 타고 없어진다고 말하지만, 원래의 장작과 장작이 타면서 발생하는 열과 재, 그리고 남은 숯의 에너지를 합하면 원래 에너지 값과 같은 것이다.

질량(質量)을 전환시키는 것을 핵분열(核分裂)이라고 하는데, 핵을 분열시키면 거기에는 막대한 에너지가 발생하며, 그 때 발생되는 에너지가 바로 원자폭탄이고, 여기에 수소를 융합(融合)시키면 헬륨이 되면서 막대한 에너지가 나오는데 이것이 수소탄이 되는 것이다.

질량(質量)이란 유형(有形)의 물질로서 깊이 들어가면 물질인 소립자(素粒子)이고, 에너지는 무형(無形)인 운동하는 힘이다.

연기법(緣起法)과 공성(空性)의 세계에서 본다면 모든 존재는 불생불멸(不生不滅)이며 부증불감(不增不減)이다.

불생불멸(不生不滅)의 상주법계(常住法界)는 무진연기(無盡緣起)가 있을 뿐이니 이것이 제법(諸法)의 실상(實相)이다.

무진연기상의 일체 생명은 성상일여(性相一如)이며 물심불이(物心

不二) 여서 유정무정의 구별이 없고 생명(生命)은 유정(有情) 무정((無情)의 총칭(總稱)이다.

그러므로 무정설법(無情說法)을 들을 수 있어야만 생명의 참 소식을 알게 되는 것이니 개개생명 전체가 절대(絶對)여서 생명거래(生命去來)가 없는 것이다.

계성변시장광설(溪聲便是長廣說) 산색개비청정신(山色豈非淸淨身)
야래팔만사천게(夜來八萬四千偈) 타일여하거사인(他日如何擧似人)이라.

"계곡에서 흘러가는 냇물 소리가 부처님의 장광설이요, 산색 그대로가 청정법신 비로자나불이로구나. 밤새 쏟아내는 팔만사천 부처님의 감로법문을 뒷날 어떻게 사람들에게 보여줄 수 있을까?"

이 시(詩)는 산하대지 두두물물이 진리(眞理)와 선(禪)의 세계가 아님이 없는 무처불시선(無處佛是禪)의 경계를 읊은 소동파의 오도시(惡道詩)이다.

소동파가 옥천사라는 절에 승호(承皓) 큰스님이 계시다는 소문을 듣고 찾아가니,

"대인(大人)은 누구십니까?"라고 묻자,

"나의 성씨는 칭(秤)가요." 천하의 스님들 무게를 달아보는 저울이라고 하였다.

이에 스님이 "악"하고 할을 하시며 "이것이 몇 근이나 됩니까?"하고 반문하니 그 한마디에 소동파는 앞뒤가 꽉 막혀버렸다.

그래서 그 길로 상총스님을 찾아가 "할"하는 도리(道里)를 묻자,

"어찌 그대는 무정설법((無情說法)은 듣지 못하고 유정설법(有情說法)만 들으려 하는고? 하며 꾸짖으니, 말을 타고 계곡을 내려오다가 오로지 무정설법이라는 의정(擬定)에 모든 생각, 분별이 사라지며 폭포수 소리에 개오(開悟)한 것이다.

우주(宇宙)에 가득 찬 그대로가 반야(般若)이고, 시제법공상(是諸法空相)이며, "이뭣고"이며 증감(增感)이 없는 참 생명이며 본래 완성이며 본자구족(本自具足)이다.

또한 "이뭣고"는 한없이 온갖 법(法)을 창출하고 섭수(攝受)하되, 일찍이 일체법을 넘어서 있는 것이다.

그리고 고정화되어 있지 않은 빛이 4차원을 넘어선 공간에서는 영(靈) 혹은 영적(靈的) 에너지로 존재하고 있다.

이 영적(靈的) 에너지는 무형(無形)으로서 생명(生命)의 근본(根本)이며 창조 (創造)의 원동력이 되는 불성(佛性)이고 진여본심(眞如本心)이며 "이뭣고"인 것이다.

1cm의 백억조 분의 1크기인 광자는 초속 30km를 달리면서 지구와 같은 세계를 20-30개씩을 아무런 장애 없이 뚫고 다니고 있는데, 그 원소인 미립자들은 그 이상의 힘을 가지고 우주에 존재하고 있다.

현상계의 모든 물질은 원자(原子)로 이루어져 있는데 원자는 양성

자와 중성자의 전자로 되어있다.

이 양성자를 세분하면 머리카락 굵기의 1조분의 1인 쿼크(Quark)인데 백만분의 1초에 양성자와 중성자를 만들어 내고 있으며, 쿼크의 백만분의 1인 허공(虛空)과 더 이상 쪼갤 수 없는 인허진(隣虛塵)을 부처님께서 말씀하셨다.

현대과학은 반도체회로의 선폭을 10나노(1나노미터는 10억분의 1미터) 머리카락을 10만 가닥으로 나눌 수 있는 폭이다.

음양오행(陰陽伍行)의 생성원리(生成原理)

각명(覺明)은 양(陽)이 되고 각성(覺性)의 여명(黎明)으로 생긴 공(空)의 매(昧)는 음(陰)이 된다. 이 음양이 서로 같은 성질은 밀어내고 다른 성질은 끌어당기는 가운데서 바람인 목(木)이 생겼다.

이 풍동(風動)이란 목(木)이 각성(覺性)의 묘명(妙明)한 빛으로 허공계(虛空界)를 굳혀서 견애(堅礙)의 금보(金寶)가 된 자기장(磁氣場)인 금(金)을 마찰함으로 해서 오행의 화(火)를 내고, 이 화광(火光)이 상승하여서 그 금보(金寶)를 찌개 돔으로 해서 음행의 수(水)를 얻게 된다.

그런데 같은 금보(金寶)에서 나온 화(火)와 수(水)가 서로 반목을 하며 밀치는 과정에서 우주공간(宇宙空間)에는 엄청난 중력장(重力場)이 형성된다.

이 우주의 중력장이 저 무변허공에 가득한 사념망상(邪念妄想)의 입자(粒子)인 티끌(塵)들을 응축(凝縮)시켜 오행의 토(土)가 생긴다.

그러므로 시방세계가 생주이멸(生住異滅)하게 되는 우주 물리의 모체(母體)는 이 오행이 되는 것이다.

깨달음
(覺)

심즉시불(心卽是佛) 불즉시각(佛卽是覺)

마음이 곧 부처요 부처가 곧 깨달음이다.

이 깨달은 성품(性品)은 중생과 부처가 평등하여 차별이 없으며 신령스럽게 밝아 만덕(萬德)을 갖추고 있으며 묘용(妙用)이 항하(恒河)의 모래알과 같아서 수행과 증득(證得)을 빌리지 아니하며 이미 깨달음 그 자체이기 때문에 깨쳐야 할 내가 없는 것이고 시무생사(是無生死)라 '시'(是)인 "이뭣고" 또한 생사가 없는 본각(本覺) 자리로 깨쳐 있는 것이다.

불교는 내 근본(根本)으로 곧 바로 들어가는 심법(心法)이다.

석존께서 견명성오도(見明星惡道) 하신 것은, 별을 보고 깨달으신 것이 아니라 별 보는 그놈을 보신 것이며 꿈에서 진여(眞如)인 나로 돌이키신 것이다.

삼라만상과 너와 내가 둘이 아니고 하늘과 땅이 생기기 전의 본래면목이 '나'이다.

진실(眞實)이 따로 있고 허망(虛妄)이 따로 있는 것이 아니라 허망을 허망이라고 깨닫는 것이 그것이 곧 진여(眞如)이고 여래장(如來藏)이다.

공(空)을 통하지 않고 허망(虛妄)의 도리(道理)를 깨치지 못하고서는 불도(佛道)를 이룰 수가 없다.

망령(妄靈)된 마음이 허망(虛妄)인 줄 깨달으면 허망(虛妄)한 현상에 사로잡히지 않게 되며 해탈(解脫)을 이루게 되는 것이다.

깨달음은 잡히는 존재(存在)가 아니고 밝은 마음은 이름일 뿐 실물(實物)이 아니어서 본래가 그 무엇도 없는 것인데 일어날 번뇌(煩惱)가 어디에 있겠는가? 여기서 깨달음은 이름을 붙일 수도 없고 모양을 그릴 수도 없는 '고요한 마음자리 적정(寂靜)'을 말한다.

육조스님도 어리석은 중생들을 위하여 '고요한 마음자리'를 깨달음이나 밝은 마음이라고 억지로 표현 한 것이다. 그러므로 눈앞에 어떤 경계가 있다면 '나'와 '대상 경계'가 존재하여 시비분별(是非分別)이 있게 되니 '고요한 마음자리'가 아니다.

그 자리에 중생인 내가 어떻게 존재할 수 있을 것이며 내가 존재하지 않는데 중생의 번뇌(煩惱)가 어떻게 일어날 수 있겠는가?

이 자리에서는 온갖 번뇌와 해탈은 공성(空性)으로 똑같은 모습

이어서 얻을 것도 없는 것이다.

망념(妄念)의 참다운 성품(性品)은 본디 비어 중생도 원래 부처님이다. 참다운 성품은 얻을 수 있는 것도 아니고 지금 바로 만들어지는 것도 아니다.

그러므로 부처님의 참된 법신(法身)은 허공과 같고 그대로 여여(如如)하게 이루어져 있는 것이며, 중생 하나 하나가 모든 것을 스스로 아는 지혜(智慧)를 지닌 부처님인 것이다.

맑고 깨끗한 청정법신(淸淨法身)은 모든 시비(是非)와 분별(分別)이 끊어진 부처님 마음자리이고, 조금도 부족함이 없는 오롯한 원만보신(圓滿報身)은 그 자리에서 드러난 부처님의 지혜이며, 인연(因緣) 따라 수없이 몸을 나투는 천백억 화신(千百億化身)은 중생의 부름에 응하는 부처님의 행(行)인 것이다.

각성(覺性)을 "이뭣고"로 관(觀)하고 보아 깨닫고 일상생활 속에서 행(行)하는 것이 모든 수행을 다 포섭하는 일법(一法)이 되는 것이다. 깨달음은 자기가 자기의 생각(妄心)에 묶여져 있는가? 쥐고 있는가? 이러한 망심(妄心)이 만든 관념(觀念)의 함정에서 벗어나는 것이다.

누구나 망심(妄心)을 철저하게 실감하기 전까지는 스스로 만든 관념(觀念)에 구속되어 있는 것을 모른다.

깨달음은 우리가 생활 속에서 일어나는 모든 욕구불만, 공포, 불안, 짜증, 괴로움 등도 실은 자기가 만들어 놓은 오온(伍蘊)의 그물

속에 스스로 갇혀 있다는 것을 자각(自覺)하는 것이다.

그러나 우리는 시간과 공간에 걸림이 없는 자유자재하고 신통묘용(神通妙用)한 이 한 물건을 깨닫지 못해서 생사윤회를 거듭하고 있는 것이다.

그 정확한 답은 오직 이 몸뚱이 끌고 다니는 이것이 무엇인고? "이뭣고"이다.

생활 속에서 불법(佛法)과 화두(話頭)를 따로 분리시켜 놓으면 생각마다 어려움에 갇혀 움직일 수가 없게 되는 것이다.

본래 어둡고, 밝고, 알고, 모를 것이 없다. 누구나 본래부터 그대로 부처인 것이고, 모든 생명(生命)은 본디부터 깨달음 그 자체이다.

그러므로 본각(本覺)이라 하며 깨닫는 자와 깨닫는 대상은 둘이 아닌데 둘이 아닌 것을 둘로 나눠놓고 깨달으려 하니 남(南)과 북(北)이 서로 갈라진 것이다.

또한 깨달아 증득(證得)하려는 마음이 앞에 놓여 있기 때문에 장애(障碍)와 어려움이 따르는 것이고 깨달음을 구(求)하는 것은 자기 집 안방에 앉아서 자기 집을 찾는 격이다.

우리가 삶속에서도 나와 너를 둘로 보기 때문에 시시비비(是是非非)가 일어나지만, 깨닫고 보면 남이란 타인(他人)이 아니고 또 다른 나인 것이다.

또한 깨달음은 취사선택(取捨選擇)을 넘어서 있는 것이다.

즉 취사선택하는 자(者)가 없는 무아(無我)인 것인데, 깨달음이 어려운 것은 바로 내가 깨달으려 하기 때문이다.

아(我)라는 것은 본래 없는 허상虛想)이요, 전도(顚倒)된 생각일 뿐으로 허상인 아(我)가 꿈(幻) 속에서 찾고 있으니 억겁(億劫)을 지나도 불가능한 것이고, 제7말라식인 거짓 나(假我)가 완전히 없어져야 본체(本體)가 드러나는 것이다.

진아(眞我)는 자신(自身)을 등지고 타향살이를 하며 뜬 구름(雲)인 몸과 마음을 나로 삼아 전도(顚倒)되어 무명(無明)에 가려져 있으나, 마치 구름이 사라지면 태양이 드러나듯이 본래부터 태양은 빛나고 있는 것이다.

이 전도몽상과 몸에 대한 애착(愛着), 집착(執着)이 뼈에까지 사무치고 세포 하나하나에 까지 각인(刻印) 되어 고질병(痼疾病)이 되어버린 덩어리를 머리로 이해(理解)해서 이루어질 수 없는 것이다.

마음을 가지고 마음을 찾으려고 하면 평생을 가도 찾지 못하는 것이다.

즉 자신을 대상화 시켜버리면 찾으려고 하는 자와 찾아야 할 대상을 둘로 나눠 버린 것이기 때문에 주(主)와 객(客)이 생기게 되는 것이다.

그래서 "이뭣고"는 너와 나의 분별심(分別心)을 떠난 진여(眞如)와 하나를 이루는 수행법이다.

깨달음이란 본 성품이 부처님과 똑같은 지혜(智慧)와 복덕(福德)

이 구족(具足)되어 있고 본래 깨쳐있는 본각(本覺)이라는 것을 깨닫는 것이다.

즉 깨닫고 보면 깨달을 것이 없다는 것을 깨달은 것이다.

불법(佛法)이란 무엇인가? 그것은 깨닫는 법이다.

그렇다면 무엇을 깨우치는 법(法)이란 말인가? 주장자를 한번치고, 이 주장자 소리가 무엇인가를 분명히 깨치는 법이다.

삼세의 모든 부처님과 조사들도 모두 이 주장자 소리에서 나왔다. 바로 이 주장자 소리를 듣는 그 한 물건이 무엇인고? "이뭣고?" 이다. 이 한 물건을 구태여 이름을 붙이자면 '마음'이라고 할 수 있다. 마음을 깨달은 자는 '나고' '죽음'을 헌옷 벗고 새 옷으로 갈아입는 것 같이 할 수 있다. 그러나 이 마음을 알지 못하면 이 육체가 나의 전부인 줄 알고 집착(執着)하여 꿈을 꾸다가 가는 것이다.

"무엇이 부족하고 숨어있어 찾을 것이 있어야 찾는 것이지 우주에 충만해 있는데 무엇을 찾는다는 것인가?"

선가귀감에

신광불매(神光不昧) 만고휘유(萬古徽猷) 입차문래(入此門內) 막존지해(莫存知解)

신령스러운 빛이 만고에 빛나다. 이 문안에 들어와서는 지혜를 두지 말라.

알음알이 가지고 분별(分別)해서 시비(是非)를 일으키지 말고 오직 참구해서 깨달아야 한다.

만고(萬古)에 밝은 내 마음의 신비스러운 광명(光明)에는 생사(生死)가 없으며, 고(苦) 또한 없는 것이다.

깨달음은 돈오(頓悟)로서 단계(段階)가 없다.

마음을 깨닫지 못하고 교법(敎法)을 지해(知解)하여 지식과 견해를 얻는 것으로 수행을 삼는 것은 오히려 마음을 깨닫는 데에는 장애가 될 뿐이다. 도는 마음에 있지 언설(言說)에 있는 것이 아니다.

성문(聲聞)은 성인(聖人)의 마음에는 본래 지위(地位) 인과(因果)가 없다 는 것을 모르고 마음으로 헤아리고 망상(妄想)을 지어서 인(因)을 닦아 과(果)를 증득(수인증득修因證果)하려 한다.

그러나 텅 빈 공정(空定)에 머물러 삼아승지겁을 지나 비록 깨닫는다고 하여도 다시 미혹(迷惑)에 빠지게 된다.

대주혜회 선사에게

스님은 공덕(功德)을 드릴 때 어떻게 드리십니까?

기래끽반(飢來喫飯) 곤래면(困來眠)이라, 배고프면 밥 먹고 졸리면 잠을 자느니라.

그거야 다른 사람도 다 그렇게 하지 않습니까?

"나는 밥 먹을 때 밥만 먹고 잠 잘 때는 잠만 자지만, 다른 사람은 밥 먹을 때 욕심(慾心)으로 먹고 잠잘 때는 꿈(夢) 속에서 온갖 생각을 일으킨다네." 하였다.

자나 깨나 시시비비에 끌려 다니고 한 생각이 분별심을 항상 따라 다니는 것이 중생병(衆生病)인데, 한 생각이 날 때 바로 알아차리고, 그 뿌리를 잘라 버리고 그 경계로부터 내 안의 자성(自性)자리로 되돌려 놓는 극약처방이 시심마(是甚麼) "이뭣고"인 것이다.

우리가 삶속에서 거짓 나인 가아(假我)를 위해 무슨 수를 써서라도 평생을 보호하고 만족시켜야 하는 독립된 실체가 아니라, 잠시 머물다가 사라져 버리는 뜬구름 같은 허망한 환영 (幻影)임을 깨닫는다면, 언제 꺼질지 모르는 풍전등화 같은 목숨을 뒤로 하고 헛된 그림자를 위하여 순간을 투자하며 헛되이 일생을 소비해야 하겠는가?

세발우거(洗鉢盂去)

학인이 불법의 대의를 묻자

조주: 아침은 먹었는가?

학인: 예 먹었습니다.

조주: 그러면 밥그릇이나 씻어라.

밥을 먹었으니 밥그릇을 씻는 것이 일상의 평상심 속에 어떠한 조작(造作)과 분별심(分別心)을 떠난 진실 된 마음이 세발우거이며 깨친 도인의 무심(無心)이다.

육조혜능(六祖慧能)과 돈오돈수(頓悟頓修)

황매산 오조(伍祖) 홍인(弘忍)을 찾아온 나무꾼 혜능(慧能)에게 물었다.

"어디서 왔는고?"

"영남 신주에서 왔습니다."

"갈로(오랑케)사는 데서 온 촌놈이 무슨 불법을 배우려고 왔느냐?" "사람의 몸이야 남북(南北)이 있지만, 부처 성품자리에 어찌 남과 북이 있으리오."하고 답하니 이에 홍인은 속으로 "법을 전할 물건이 왔구나." 하시며 방아를 찧게 하였다.

홍인이 8개월 만에 찾아가 "방아는 다 찧었느냐" 하시니 "방아는 다 찧었습니다만, 택미(擇米)(쌀을 고르는 것)를 못했습니다." 즉 도(道)는 다 이루었으나 아직 스님의 인가를 못 받았습니다." 하니 지팡이로 탁탁탁 세 번을 치시고 가시니, 야밤삼경에 나에게 오라는 뜻이다. 그래서 『금강경』에 응무소주이생기심(應無所住而生基心)(머무는바 없는 청정심에서 마음을 내라)에서 확철대오하고 육조가 되어 의발(衣鉢)을 가지고 야반도주하자, 이를 빼앗으려고 쫓아온 혜명에게 육조 스님이 의발을 바위 위에 올려놓으니, 혜명이 빼앗으려고 했으나 꿈쩍도 하지 않았다.

그러자 혜능이

"이 의발은 믿음을 나타내는 것으로 힘으로는 쟁취할 수 없는 것이다." 하였다. 그것은 단순한 물건이 아니고 선법(禪法)의 전승을 상징하는 것이기 때문에 힘으로는 취할 수 없는 것이었다. 그러자 혜명(慧明)이 자기의 허물을 뉘우치고 가르침을 구하였다.

그러자 혜능이 일체의 망상(妄想)과 삿된 생각을 버리고 맑은 마음이 되어야 한다.

불사선불사악(不思善不思惡) 정당임마시(正當恁麼時) 나게(那箇) 시(혜명)상좌(是上座) 본래면목(本來面目)은? "선(善)도 생각하지 않고 악(惡)도 생각하지 않을 때 혜명수좌의 본래 모습은 어떤 것인가?" 하고 물었다.

상대적(相對的)인 선악(善惡), 시비(是非), 분별(分別)을 떠난 절대적(絕對的)인 부모미생전(父母未生前) 본래면목(本來面目)과 같은 깨달음의 경지를 물은 것이다.

이 물음에 혜명은 홀연히 깨닫고 삼배를 올리니,

"무엇을 깨달았는고?"

여음료자(如飮料者) 냉온자지(冷溫自知)라,

"물을 마셔본 자만이 차고 더운지를 스스로 압니다." 하니 인가
하셨다.

육조스님의 오도송

하기자성본자청정(何期自性本自淸淨) 하기자성본불생멸(何期自性本
不生滅) 하기자성본자구족(何期自性本自具足) 하기자성본무동요(何期
自性本無動搖) 하기자성능생만법(何期自性能生萬法)

"내 자성이 본래 청정하고, 본래 생멸이 없고, 본래 스스로 갖춰
져 있고, 본래 동요가 없고, 능히 모든 것을 만들어 내는 줄 내 어찌
알았으랴."의 오도송을 오조(伍祖) 홍인에게 올리고 일자무식(一字
無識) 나무꾼이 8개월 방아 찧고 육조(六祖)가 된 것이며, 이는 중생
을 제도(制道)하기 위하여 업생(業生)이 아닌 원생(原生)으로 오신 바
없이 오신 것이다.

돈오돈수(頓悟頓修)

돈오(頓惡)의 돈(頓)은 망념(妄念)을 완전히 제거한 것이고, 오(惡)는 얻을 것이 없는 무소득(無所得)인데 이 경지가 무생법인(無生法忍)을 증득한 것이며 출격 대장부가 되는 것이다.

오조홍인(伍祖弘忍)이 "내가 너희들에게 이르노라, 세상 사람들은 죽고 사는 일이 큰일인데, 너희들은 종일토록 단지 복전(福田)을 구하고 생사(生死)의 고해(苦海)를 벗어나려 하지 않는구나.

자기의 성품에 미혹하다면 어찌 복(福)으로 생사를 벗어날 수 있겠는가?

너희들은 각기 스스로의 지혜를 보아 자기 본마음의 반야성품을 취하여 게송을 지어라 하시고, 큰 뜻을 깨친 자에게 나의 가사와 법을 부촉하여 육대조사가 되게 하리라." 하였다. 이에 신수(神秀)가

밤중에 게송을 지어 남쪽 복도 벽 위에 붙여 놓았다.

신시보리수(身是菩提樹) 심여명경대(心如明鏡臺)

시시근불식(時時勤拂拭) 물사야진애(勿使惹塵埃)

"몸은 보리의 나무요 마음은 밝은 거울과 같나니 때때로 부지런히 닦아서 거울에 티끌과 먼지가 묻지 않게 하라." 하였다.

홍인(弘忍)이 볼 때는 문밖에는 이르렀으나 아직 안으로 들어와 자성(自性)을 보지 못한 것이다.

그러나 후에 깨달음에 이르는 경지에 이르는 데는 반드시 점진적 수행을 강조하는 북종선인 돈오점수의 기초가 되었다.

우리의 본래마음인 불성은 항상 공적(空寂)하고 청정(淸淨)하여 번뇌의 티끌이 낄 수가 없고, 번뇌(煩惱)도 본래 그 실체가 없는 것이며, 텅 빈 하늘에 먹구름처럼 홀연히 나타났다가 바람이 불면 곧장 사라지는 허망한 것인데, 닦을 것이 어디에 있겠는가?

그러자 글자를 모르는 육조스님은 동자에게 청하여 게송을 지어 조사당 서쪽 벽에 붙여 놓았다.

보리본무수(菩提本無樹) 명경역비대(明鏡亦非臺)

본래무일물(本來無一物) 하처야진애(何處惹塵埃)

"깨달음은 형상이 없고 마음 역시 실체가 없는 공성(空性)이고, 밝은 거울 또한 틀이 아니며 이름을 붙일 수도, 모양을 그릴 수도 없고 닦을 수도 없는 본래 청정한 공적영지한 자성자리를 드러내 보이셨다."

이렇게 하여 부처의 지혜(知慧)와 덕성(德性)을 모두 갖춘 본래불(本來佛)임을 단번에 깨닫게 하는 돈오돈수(頓惡頓修)가 육조혜능선(六祖慧能禪)의 핵심이 된 것이다.

육조대사가 어느 날 법회를 하던 중 대중에게

유일물(有一物) 무두무미(無頭無尾) 무명무자(無名無字) 상주천하주지(上柱天下柱地) 명여일흑사칠(明如日黑似漆) 상제동용중(常在動用中) 동용중수부득(動用中收不得) 시심마(是甚麼)!

"내게 한 물건이 있는데 머리도 없고 꼬리도 없으며 형상도 없고 이름도 없으되, 위로는 하늘을 떠받치고 아래로는 땅을 받치며 밝기는 태양과 같고 검기는 옻칠과 같은데, 항상 동용(動用)하는 가운데 있으되 그 가운데 있으면서 거두어 얻지 못하니 이것이 무엇인고?" "이뭣고" 하시니,

이에 하택신회(何澤神會)가 제불지본원(諸佛之本源) 신회지불성(神會之佛性)이라,

"모든 부처님의 근원이며 이 신수의 불성입니다." 하고 답했다.

"뭐라고 이름을 붙이려 하여도 붙일 수도 없고, 모양을 그릴 수도 없는데, 어찌 네가 모든 부처님의 근본이며 신회의 불성이라고 말하는가?" 라고 꾸짖으셨다.

이렇게 견해(見解) 알음알이로는 바른 답(答)이 될 수 없기 때문에, 그래서 이것이 무엇인고? "이뭣고"인 것이다.

또한 시심마(是甚麽)는 벽암록 51측에 설봉심마(雪峰甚麽) 공안으로도 불리는데, 어느 날 한 수행자가 설봉선사를 찾아왔는데, 이 수행자가 보기에 목에 힘이 잔뜩 들어가고 아만심이 강하게 보이자, 설봉선사가 몸을 앞으로 쭉 내밀며 즉 이것이 무엇인가?

"이뭣고?" 하며 물은 것이 유래되었다.

즉 한 물건이 일초(一秒)도 변함없이 항상 나와 같이 있으면서도 그 가운데 그 놈을 찾아보면 얻을 수가 없으며, 눈으로 볼 수도 없고, 손으로 만질 수도 없지만, 부르면 대답하고, 욕하면 성낼 줄도 알고, 기뻐하고 슬퍼할 줄 아는 그 소소영영(昭昭靈靈)한 놈이 분명히 있는데, 그놈을 찾아보아도 알 수 없는 이놈이 무엇인가? 그 놈을 찾는 유일한 화두가 "이뭣고" 인 것이다.

참선(參禪)은 내 안에 있는 진여자성을 깨달아 금생에 견성성불(見性成佛)하는 것, 즉 생사해탈이 목적이며, 그래서 자나 깨나 앉으나 서나 "이 몸뚱이 끌고 다니는 이것이 무엇인고?" "이뭣고"인 것이며, "이뭣고" 한 번하는 것이 팔만대장경을 전부 다 읽어 마친 공덕(功德)보다 더 수승(殊勝)하다." 한 것이다.

육조단경(六祖壇經)의 요지(要旨)

나의 법문은 먼저 무념(無念)으로 종(宗)을 삼고, 무상(無相)으로 체(體)를 삼고, 무주(無住)로 근본(根本)을 삼는다.

무상(無相)이란 상(相)으로부터 상을 떠난 것이요, 무념(無念)이란 모든 경계에 물들지 않고, 생각으로부터 생각을 떠난 것이다. 무주(無住)란 사람의 본래 성품이 세간의 선과 악과 깨끗함과 더러움, 미워하는 마음이 공한 것으로 여겨서 지나간 일의 생각에 머무르지 않는 것이다.

지혜관조(知慧觀照) 내외명철(內外明徹) 식자본심(識自本心)

약자본심(若識本心) 즉본해탈(即本解脫) 약득해탈(若得解脫)

즉시반야삼매(即是般若三昧) 즉시무념(即是無念) 하명무념(何名無念)

약견일체법(若見一切法) 심불념착(心不染着) 시위무념(是爲無念)이라

"지혜로 관조하여 안과 밖이 아주 훤하여 자기의 본래 마음을 알게 되면 즉시 해탈이고 반야삼매이며, 곧 무념(無念)이다.

내외명철이 청정법신불이고 식심(識心)(마음을 앎),이 곧 견성(見性)이고, 견성은 법신불(法身佛)이며 반야삼매이며 무념(無念)이다."

마치 맑은 유리병 속에 태양이 빛나는 것과 같다.

신회(神會)의 물음에

육조가 대답했다.

"마음에 시비(是非)가 있는가? 없다. 마음에 거래(去來)가 있는가?""없다.""마음에 푸르고 누르고 흰 빛깔이 있는가?""없다.""마음에 머무를 곳이 있는가?""없다.""스님은 마음을 무주(無住)라고 말씀하시지만 마음 자체는 무주임을 압니까?""아느니라."

"제 생각에는 무주(無住)하는 곳에 안다는 생각을 세움은 잘못인 듯합니다."하니 "무주(無住)란 적정(寂靜)이다. 적정의 본체(本體)를 정(定)이라 부른다."

"본체에는 자연지(自然智)가 있어서 본래의 적정의 본체를 알게 되는데 그것을 혜(慧)라고 일컫는다. 이것이 정혜일체(定慧一體)라는 것이다."

마음의 자유로운 흐름의 근저에는 이미 지(智)가 작용하고 있다. 즉 무주의 자각(自覺)에서 일체의 동작(動作)이 현출(現出)되고 있는 것이다.

무주(無住)는 또한 무념이다. 무념(無念)이기 때문에 무작(無作)이요, 무상(無相)이 되는 것이다.

또한 나의 법문은 정혜(定慧)를 근본(根本)으로 한다.

정혜의 체(體)는 하나이지 둘이 아니다.

혜(慧)가 있을 때는 정(定)이 혜에 있으며, 정이 있을 때는 혜가 있다. 즉 정(定)은 혜(慧)의 체(體)이며, 혜는 정의 용(用)이다.

모든 집착(執着)해서 망상(妄想)을 안 일으키면 무념선정(無念禪定)이며, 좋고 싫은 애증(愛憎)을 일으키지 않고 집착하지 않는 것이 대승선정이다.

무념수행(無念修行)은 무엇에도 집착하지 않는 애증(愛憎)을 낳는 것이다. 정(定)은 집착하지 않는 것이고, 혜(慧)는 바로 보는 직관(直觀)이다. 따라서 견성(見性)이란 찾아 헤메야 할 외부 대상이 아니라, 그러한 자성(自性)에 눈을 뜨는 것 즉 오각(惡覺)인 것이다.

선정(禪定)과 지혜(智慧)는 등(燈)과 등불에 비유할 수 있다. 즉 등이 있으면 등불이 있고, 등이 없으면 등불이 없다.

등(燈)은 등불의 본체(本體)요, 등불은 등(燈)의 작용(作用)이다. 이름은 비록 다르지만 몸은 둘이 아니다.

어육진중(於六塵(境)中) 무염무잡(無染無雜) 거래자유(去來自由)

통용무체(通用無滯) 즉시반야삼매(卽是般若三昧) 자재해탈(自在解脫) 명무념행(名無念行)이라

"육진 속에서 물들지도 않고 섞이지도 않아서, 가고 옴에 자유로

우며 널리 사용하여도 걸림 없음이 곧 반야삼매이며 자재해탈이니, 무념행이라고 한다."

"일행삼매(一行三昧)는 일체시(一切時) 행(行) 주(住) 좌(坐) 와(臥)에 항상 직심(直心)(순수한 마음)을 행하는 것이다." 정명경(淨明經)에서 말씀하시기를 "직심(直心)이 바로 도량이며 정토(淨土)이다." 하였다.

직심을 행하고 일체법에 있어서 집착(執着)과 망념을 일으키지 않는 것을 일행삼매(一行三昧)라 한다.

직심(直心)은 항상 진여를 생각하며 마음을 평등이 가져 자리타리(自利他利)를 실천하는 곧은 마음이다.

또한 좌선(坐禪)이란 "밖으로 일체선악(善惡)의 경계에 생각이 일어나지 않는 것을 좌(坐)라 하며, 안으로 자성(自性)이 어지럽지 않은 것을 선(禪)이라 한다." 하였다.

향상일구(向上一句)와 "이뭣고"

조주(趙州) 선사께서 하루는 임제사(臨濟寺)를 방문하여 발을 씻고 있는 차에 임제 선사께서 다가와 물으시기를,

"어떤 것이 조사가 서쪽에서 오신 뜻 입니까?" 하시니,

"마침 노승이 발을 씻고 있는 중이니라." 하고 대답하였다.

이에 임제 선사께서 가만히 조주스님께 다가가서 귀를 기우리고 들으시는 척 하니, 조주 선사께서 "알면 바로 알 것이지 되새김질해서 무엇하려는고? 하시니, 임제 선사께서 팔을 흔들며 돌아가셨다.

제 일구(第一句)에서 깨치면 부처님과 조사의 스승이라 했고, 제 이구(第二句)에서 터득하면 인천(人天)의 스승이라 하였다.

듣고 바로 깨치면 제 일구(第一句)이며, 귀를 기우려 되새김질하면 제 이구(第二句)이다.

임제 선사가 하루는 발우를 가지고 탁발을 나갔는데, 한 집에 가서 대문을 두드리면서 탁발을 왔다고 하니까, 노 보살이 대문을 열고 나오더니 임제 선사를 보고 하는 말이,

"염치없는 중이로고" 하고는 시주를 하지 않았다.

그래서 임제 선사가 "탁발하러 왔는데 어째서 한 푼도 주지 않고 염치없는 중이라고 하는고?" 하니 보살이 대문을 왈칵 닫고는 집안으로 들어가 버렸다. 이에 머쓱한 임제 선사도 아무 말 없이 돌아갔다.

"임제노장이 노파에게 허물을 보임으로서 그 노파의 "빗장 관(關)의 "할"에 임제의 귀를 꽉 먹어 버리게 하고, 누구나 자성(自性) 안에 가득 찬 천연무가보주(天然無價寶珠)의 문을 활짝 열어 보여준 것이다."

이것이 임제 선사를 꼼짝 못하게 한 할망구의 제 일구(第一句)이며, 그 유명한 임제탁발화(臨濟托鉢話)이다.

당나라 때 위산(潙山) 선사에게 향엄(香嚴)과 앙산(仰山) 두 제자가 아침마다 문안을 드리는데, 하루는 앙산 스님이 문안을 드리자 위산 선사께서 벽을 향해 돌아누우시며 말씀하시기를 "내가 간밤에 꿈을 꾸었는데, 그대가 나를 위해 해몽(解夢)을 해 보게나" 하시니 앙산 스님이 즉시 밖에 나가서 세수 대야에 물을 떠다가 위산 스님 앞에 놓고 나갔다.

그 다음에 향엄 스님이 문안을 드리자 앙산 스님과 똑같은 말씀

을 하시니, 향엄 스님은 즉시 밖에 나가서 정성껏 차(茶)를 달여와 바치니, 위산 선사께서 "나의 두 제자의 신통(神通)이 목련존자(木蓮尊者)를 지나가는 구나" 하시며 크게 칭찬하셨다.

생사(生死)에서 벗어난 꿈을 깬 진여실상에서는 억지로 꾸미지 않는 순수한 평상심(平常心)이 지극(至極)한 도(道)이며, 그 행선(行禪)이 바로 "이뭣고"인 것이다.

용성 선사와 전강 선사의 전신구(轉身口)의 법(法)거래이다.

전강: 어떤 것이 제 일구입니까?

용성: 영신아!

전강: 예…

용성: 제 일구를 일러 마쳤느니라.

전강: 허허(박장대소)

용성: 자네가 전신(轉身)을 못했네.

전강: 전신구를 물으옵소서.

용성: 여하시 전신구인고?

전강: 낙하여고목제비(落霞與孤鶩齊飛)하고 추수공장천일색(秋水共長天一色)입니다.

"저녁 노을은 따오기와 더불어 날고 가을 물은 하늘과 함께 일색입니다."하니 용성 스님이 아무 말 없이 방장실로 돌아가셨다.

이환즉각(離幻卽覺)이라, 꿈을 여읜 제 일구(第一句)에서 진성(眞

性)과 하나 된 깨달은 경지를 보이신 것이다.

어느 날 선학원에서 용성 스님이 만공 스님에게 묻기를

"어묵동정을 여의고 일러 보십시오." 하니 만공 스님께서 아무 말이 없으셨다.

용성 스님께서 "양구(良久)(침묵) 시오" 하시니 또 아무 말이 없으시자, "그 양구십니까?" 이렇게 또 물으니 만공 스님이 또 아무 말이 없으셨다. 또 양구십니까? 그러니까 "아니요" 이랬다.

그 후 법거래 내용을 들은 전강선사께서 용성스님을 뵙고,

"두 큰스님께서는 서로 멱살을 잡고 흙탕물에 들어간 격입니다."하니 우리 둘이(만공 스님과 용성 스님)는 한 흙탕 속에 그대로 빠졌다면, 용성 스님께서 전강 선사에게 묻기를

"그러면 자네는 어떻게 이를텐가?"

"어묵동정을 여의고 무엇을 일으란 말씀입니까?" 하고 반문(反問)하였다.

용성 스님께서 "옳다, 옳다" 하셨다.

이래 놓았으니 학자의 눈을 멀게 만든 것이지. 양구(良久)하고 "할"만하고 "방"만하면 다 되는 것인가!

사자굴중무이수(獅子窟中無異獸)요. 불입호혈재득호자(不入虎穴得虎子)라

사자굴 가운데는 다른 짐승이 들어올 수가 없고 호랑이 굴에 들

지 않고 호랑이 새끼를 어떻게 얻을 수 있겠는가?

　설령 법신변사(法身變事)(시방세계가 청정하다는 견처)를 알았다고 하더라도 반도(半道)에 있음이니, 진리(眞理)의 최고봉인 향상일구(向上一句)가 해결되어야 당기일구(當機一句)의 기틀을 갖추어 제불(諸佛)과 더불어 동참할 수 있는 것이다.

오조홍인 스님 말씀에

　"무상보리(無上菩提)는 모름지기 언하(言下)에 제 본심(本心)을 알고 불생불멸하는 제 본성품(本性品)을 보아서 언제나 만법(萬法)에 막힘이 없으며, 일진(一眞)이 일체진(一切眞)이라 만경(萬境)이 스스로 여여(如如)하니 여여(如如)한 마음이 즉시(卽時) 진실(眞實)이니, 만약 이와 같이 보면 곧 이것이 무상보리(無上菩提)의 자성(自性)이라." 하시었다.

　그러니 만법(萬法)이 모두 자기 마음속에 있음을 알고 자기 마음속에서 진여 자성을 본다면 이 제 일구(第一句)를 듣는 언하(言下)에 대오(大惡)하는 것이다.

　제 일구(第一句)는 시공(時空)을 끌어가는 실체이며, 역사의 수레바퀴를 굴리는 주인이며, 진리(眞理)의 작용(作用)이다.

　또한 항상 펄펄 살아있는 그리고 진여자성(眞如自性)을 떠난 적이 없는 대오(大惡)에서 토해내는 말없는 말이며, "이뭣고"인 것이다.

아이고, 아이고! "이뭣고"

반산보적(盤山寶積)(마조도일의 제자)선사가 걸음걸음 화두(話頭)를 놓지 않고 시장을 지나가다가 식육점 앞에 이르게 되었는데, 마침 어떤 사람이 정육점에 고기를 사러 와서 말했다.

"깨끗한 고기 한 근만 주시오?"

주인이 들고 있던 칼을 내려놓고 양손을 모으고 차수(叉手)하면서 말했다.

"어떤 것이 깨끗하지 못한 고기입니까?"

깨끗함과 더러움, 옳고 그름, 선과 악 등의 범부와 성인, 부처와 중생이라는 모든 차별상이 한 순간에 무너져 버리는 광경이었다.

이 말을 듣는 순간 보적 스님의 마음이 활짝 열린 것이다.

그 후 어느 날 마을 동구 밖을 지나가다가 상여꾼들을 만나게 되었는데, 요령을 흔들면서 소리하기를 "청천(靑天)의 붉은 수레는 서쪽으로 기울어가건만 알지 못하겠구나, 오늘의 이 영혼(靈魂)은 어디로 가는고?" 하니 뒤따르던 상주(喪主)들이 "아이고, 아이고, 아이고!" 하였다. 보적 선사가 이 곡(哭) 하는 소리에 확연히 깨닫고, 그 길로 마조선사를 찾아가 인가를 받고 제자가 되었다.

보적 선사의 전(前)과 후(後)의 깨달음이 각기 어떠한 경지인가?

이는 향상일구(向上一句)의 기틀을 갖추어야 분명히 밝힐 수 있는 것이다.

향상일로천성불전(向上一路千聖不傳) 학자노형여원착영(學者勞形如猿捉影)이라,

"향상의 일로는 일천성인도 전하지 못하시거늘 학자들이 공연히 애씀이 원숭이가 물에 비친 달을 잡으려는 것과 같다." 하였다.

죽음이란 모든 형상(形相)에는 자체성(自體性)이 없어 상대성인 몸뚱이 라는 모습이 없어지는 것이다.

모든 상대성(相對性)은 연기법(緣起法)으로 절대성(絶對性)이 바탕이 되어 이루어지는 것이며, 빛깔도 소리도 냄새도 없는 절대성 자리가 이 색신의 혓바닥을 굴려서 "아이고" 하는 것인데, 그럼 "아이고" 하는 이놈은 누구인고?

그래서 "이뭣고"이며, 상주가 "아이고, 아이고" 라고 하는 순수

하고 맑고 청정한 자성(自性)자리는 광활한 시방세계와 과거 현재 미래가 곧 당금(當今)이며 가고 오고가 없는 찰나가 불생불멸(佛生不滅)의 본래면목(本來面目)인 내 고향인 "이뭣고"인 것이다.

보적 선사의 오도송

심월고원(心月孤圓) 광탄만상(光呑萬像) 광비조경(光非照境)

경역비존(境亦非存) 광경구망(光境俱亡) 부시하물(復是何物) 인고?

"마음 달 홀로 둥글어 그 빛이 삼라만상을 삼키도다. 광명(光明)이 경계(境界)를 비추지 않고 경계 역시 있는 것이 아니니, 광명과 경계가 모두 없어지니 다시 이 무슨 물건인가?"

이 마음의 달(月) 하나가 둥글게 떠 있어 그 빛이 천지만물(天地萬物)을 다 머금어 하나가 되나, 그 하나마저 없어져 버린 경계이다.

경허선사와 만공스님의 선문답(禪問答) 향상일구(向上一句)

경허선사께서 만공스님에게 너는 술이나 파전을 먹고 싶으면 어떻게 하겠느냐?

만공스님 "저는 있으면 먹고 없으면 안 먹습니다. 굳이 먹으려 하지 않지만 생기면 또 굳이 먹지 않으려고도 하지 않습니다." 하니 선사가 대견한 듯 보다가 그래? 참으로 너의 도력(道力)이 대단하다.

그런데 나는 너 만큼 도력이 없어서, 술이나 파전을 먹고 싶으면

참을성이 없어서 말이다.

"밭을 정성스럽게 갈고 거름을 주고는 좋은 밀과 파와 깨를 구해다가 정성스럽게 가꾸고 알뜰히 키워서 밀로 누룩을 만들고 깨로 기름을 짜고 밀가루와 파를 버무려서 맛있는 파전을 만들어 술과 함께 맛있게 먹겠네." 하시니, 그 말을 들은 만공스님의 등에서 식은땀이 흘렀다.

훗날 이 선문답이 경허선사의 진면목(眞面目)을 드러내는 향상일구(끝없이 초월하는 깨달음의 한마디)라고 하였다.

모른다(不識)

성수 선사가 혜월(慧月) 선사를 찾아가 여쭈었다.

"삼세의 모든 제불(諸佛)과 역대조사는 어느 곳에서 안심입명(安心立命) 하고 계십니까?

이에 혜월 선사께서 양구(良久), 입을 다물고 계시니 성수 선사께서 냅다 한 대 옆구리를 치시면서, "살아있는 활용(活龍)이 어찌하여 죽은 물에 잠겨 있습니까?"

"그럼 너는 어찌 하겠느냐?"

성수스님이 불자(拂子)를 들어 보이시니 혜월 선사께서 "아니다" 하시니 성수스님께서 다시 "스님 기러기가 창문 앞을 날아간 지 이미 오래입니다." 하며, 이미 깨친 자신의 진면목을 보여 주니, 혜월 선사께서 한바탕 크게 웃으시며 "내 너를 속일 수가 없구나." 하시며 호를 운봉(雲峰)이라 지어주시며 인가하시고 전법게를 내리셨다.

일체유위법(一切有爲法) 본무진실상(本無眞實相)
어상약무상(於相若無相) 즉명위견성(卽鳴爲見性)

"일체의 유위법은 본래 진실 된 모양이 없으니 저 모양 가운데 실상(實相)이 없는 줄을 알면 곧 이름 하여 견성(見性)이라 하니라." 하셨다.

진여실상(眞如實相)은 불변(不變)이다. 이 불변의 진리(眞理)가 수연(隨緣)하여 만법(萬法)을 이루는 것이다. 일체 유위법은 꿈속에 있는 허상(虛像)인 것이며, 시심마(是甚麼) "이뭣고" 수행으로 꿈을 깬 실상(實相) 자리인 시(是)에는 본래 생사(生死)가 없는 내 고향(故鄕)인 것이다.

양무제가 일찍이 가사(袈裟)를 입고 방광반야경(放光般若經)을 몸소 강설 하였는데, 이에 감응하여 하늘에서 꽃비가 나리고 땅이 황금으로 변하였고, 도교(道敎)를 물리치고 천하에 사찰을 일으키고 승려(僧侶)를 장려하고 탑(塔)을 세워 불심천자(佛心天子)라 불리었다.

이렇게 천하제일이라는 아만심(我慢心)으로 가득 찬 양무제가 달마선사에게 물었다.

나에게 얼마나 많은 공덕(功德)이 있습니까?

소무공덕(小無功德) "조그만 한 공덕도 없습니다."

내가 했다는 아상(我相)속에서 행한 것은 복(福)은 될지언정 공덕 (功德)은 될 수 없다는 것이며, 본심(本心)은 무심(無心)이고 진공(眞空) 이니, 텅 빈 무심에서 무주상(無住相) 보시(布施)를 해야 참공덕(眞功德) 이 된다는 뜻이다.

우리가 복(福)짓는 것을 수행의 과(果)로 생각하지만, 복 짓는데 일생을 보내고, 복을 지었으니 육도(六度)안에 있는 천상(天上)에서 복을 누리는데 일생을 보내고, 다 누렸으면 전생에 지은 업(業)에 따라 윤회의 굴래 속으로 다시 들어가게 되니, 복은 삼생의 원수라 하는 것이다.

언제 다시 인간으로 태어나 활구 참선법 "이뭣고"를 만나 다겁 생래로 익숙해진 타향살이를 면하고 내가 나를 깨달아서, 자신이 본래 갖추고 있는 부처의 성품을 꿰뚫어 영원한 진리(眞理)와 하나 가 되고, 생사(生死)에 자유자재한 경지에 들어가는 참된 공덕(功德) 을 이루겠는가?

다시 물었다.

어떤 것이 성스러운 진리(眞理)입니까?

확연무성(廓然無聖)이라, "허공과 같이 광대무변하고 너무나도 확연해서 성스러울 것도 없습니다."

그러면 짐 앞에 앉아있는 당신은 누구요?

불식(不識) "모릅니다."

부처님께서 깨달으신 경(經)이나 문자(文字)와 언어(言語)와 분별심을 떠난 무심(無心)한 공(空)의 도리(道里)를 범부(凡夫)의 지견(知見)으로 성인(聖人)의 진리(眞理)의 세계를 볼 수 있는 안목(眼目)을 갖추지 못한 양무제는 까맣게 모르고 모를 뿐이다.

그래서 말과 문자를 떠난 마음과 마음을 전할 제자를 찾아 위나라로 건너가 면벽 9년 만에 이조(二祖) 혜가(慧可)에게 심법(心法)을 전(傳)한 것이다.

인연(因緣)따라 생멸 변화하는 일체의 사물은 허망(虛妄)한 인연(因緣)이 화합(和合)해서 마치 꿈, 환(幻)처럼 이루어지는 것으로, 이 모두가 실체성(實體性)이 없는 것인데, 중생들은 눈앞의 온갖 현상(現象)을 실유(實有)로 오인(誤認)하여 분별(分別)하고 집착(執着)함으로서 세간의 모습(世間相)이 '있음'이 된 것이다.

불자(拂子) "이뭣고"

백장(百丈)이 마조(馬祖)를 친견하러 갔을 때 마조가 불자(拂子)를 꼿꼿이 세우자, 백장이 물었다.

"이것 그대로 마음을 씁니까? 아니면 이것을 떠나서 마음을 씁니까?" 하자 마조가 불자를 선상 귀퉁이에 걸어놓고 말없이 있다가 물었다.

"그대는 훗날 이렇게 두 입술을 함부로 놀리면서 어떻게 사람을 가르치려는가?" 이에 백장이 마조의 불자를 빼앗아 꼿꼿이 세우자 마조가 말했다.

"이것 그대로 마음을 쓰는가? 아니면 이것을 떠나서 마음을 쓰는가?" 하니 백장이 불자를 들어 선상 귀퉁이에 걸으니 순간 마조가 우렁찬 할을 내질렀다.

　백장(百丈)은 그 소리를 듣고 삼일 동안 귀가 먹어버렸다.

　마조(馬祖)는 일없이 불자를 세워 잠잠한 백장의 가슴에 파란을 일으키려 했으나, 백장은 스승의 의중을 간파하고 먼저 질문을 던진 것이다.

　백장이 제기한 문제는 가문의 비밀을 백일하에 누설한 것이며 마조 자신의 보검(寶劍)을 탈취하여 휘두른 것과 같았다.

　불자(拂子)를 우진(拂塵)이라고도 한다. 수행자가 마음의 티끌, 번뇌를 떨어내는 데 사용되는 상징적인 의미를 지닌 불구(佛具)이지만, "이뭣고"는 생활 속에서 반야지혜를 살려 쓰는 활용(活龍)이며 찰나에 번뇌(煩惱)를 소멸시키는 금강보검(金剛寶劍)의 작용(作用)이다.

지장계침(地藏桂琛) 선사

수산주가 지장계침 선사를 찾아가니, 수산주에게 묻기를 "어디서 오는가?"

수산주가 남방에서 옵니다. "남방의 불법(佛法)은 요즘 어떠한가?" "사량분별(思量分別)이 끝이 없습니다."

이에 선사가 "어찌 여기에서 밭에 씨앗을 심어서 밥을 지어 먹는 것 만 하겠는가?" 하시니, 수산주는 수천 리를 걸어서 산을 넘고 물을 건너 와서 친견하였으나 선사의 의중(意中)을 바로 깨치지 못하고 한번은 돌아갔다.

조사(祖師)들이 제시한 본분의 의표(意表)를 알아차리기 위해서는 언하(言下)에 번갯불 속에서 바늘귀에 실을 꿰는 것과 같이 해

야 한다.

신심(信心)과 도심(道心)이 철저한 수산주가 시간이 지난 후에 다시 계침 선사를 천신만고 끝에 찾아왔다.

그런데 계침 선사께서 병석에 누워계시니, 수산주가 인사를 드리고 신세타령을 하며 "이렇게 오랜 시간을 걸려 찾아왔건만 큰스님께서 열반에 드시게 되었으니 한 번도 아니고 두 번을 다 허사가 되었습니다." 하니, 누워계시던 계침 선사가 조용히 일어나 좌정하시더니 불자(拂子)를 잡고 하시는 말씀이 "이 불자(拂子)는 영겁에 한 찰나도 너를 등진 적이 없느니라." 하시는데, 수산주가 언하대도(言下大道) 하였다.

뼈에 사무친 일구월심 (一久月心)이 일언지하에 도(道)를 성취하게 한 것이다.

전삼삼(前三三) 후삼삼(後三三) "이뭣고"

무착문회(無着文喜)선사가 문수보살을 친견하려고 오랜 기간을 일보(一步) 일배(一拜)하면서 오대산입구에서 소를 거꾸로 타고 산을 내려오는 어느 노인을 만났는데, 문수보살을 뵙고도 알지 못하였다.

노인이 묻기를 "어디서 왔느냐?"

"남방(南方)에서 왔습니다."

남방불법여하주지(南方佛法如何住持)

"남방의 불법은 어떻게 행합니까?"하고 물으니

말법지병(末法比兵) 소봉계율(小奉戒律)

"말세 주생이 계행이나 지키고 중노릇 합니다."

다소중(多小衆) "절에는 몇 사람이나 모여 있는고?"

혹삼백(或三百) 혹오백(或伍百)

"삼백 명 혹은 오백 명이 모여 삽니다."

무착스님도 한마디 묻기를

차간여하주지(此間如何住持)

"여기는 불법이 어떠합니까?" 하니

노인이 답하기를

범부동거(凡夫同居) 용사혼잡(龍蛇混雜)이라

"범인과 성인이 같이 살고, 용과 뱀이 섞여 살지" 하였다.

다소중(多小衆)

"그럼 숫자는 얼마나 됩니까?" 하니

전삼삼(前三三) 후삼삼(後三三)이라

"앞으로 3.3 뒤로도 3.3이지" 하였다.

밤이 깊어 객실로 안내하는 균제동자에게 무착문희 선사가 전삼삼 후삼삼의 뜻을 물으니,

"스님"하고 불렀다.

"어"?하고 대답하니

"몇 명 입니까?"

앞과 뒤의 중앙에서 보면 '지금 바로 여기' 즉 시공(時空)을 초월한 인식의 틀을 벗어나 버리면, 그 자리가 바로 중도(中道)이고 참나(眞我)인 "이뭣고"이며 전삼삼 후삼삼이다.

즉 답하는 그 순간 숫자를 여읜 온 우주와 내가 거기에 그냥 있

을 뿐이다.

전삼삼 후삼삼에 대하여 설두선사의 게송이다.

확주사계성가람(廓周沙界聖伽藍) 만목문수접화담(滿目文殊接話談)

언하부지개불안(言下不知開佛眼) 회두지견취산암(廻頭只見翠山巖)

"확 트인 항하사 세계는 훌륭한 가람이요, 온 세상 가득한 문수
와 이야기를 나누었네.

언하(言下)에 부처 눈을 뜰 줄 모르고 고개 돌려 공연히 푸른 산
바위만 쳐다보네." 하였다.

눈에 보이는 온 세상 가득이 문수라 하여 문수의 몸 그림자를 지
워 버려 본체를 드러내었는데, 무착스님이 문수의 말끝에 눈을 뜨
지 못하고 공연히 푸른 산과 바위만 바라본다는 뜻이다.

야부 선사송에

신재해중휴멱수(身在海中休覓水) 일행령산막심산(日行嶺山莫尋山)

앵음연어개상사(鶯吟燕語皆相似) 막문전삼후여후삼(莫問前三後與後
三)라

"바다 속에 몸이 있으면서 물을 찾지 말며, 날마다 산마루에 오
르면서 산을 찾지 마라.

앵무새와 재비의 울음소리는 서로 비슷하니, 앞의 셋과 뒤의 셋
을 묻지 말라." 하였다.

상(相)을 쫓아 32상 80종 호로 여래를 보려하면 점점 멀어지는 것과 같이, 전삼과 후삼을 숫자로 비교하고 분별할수록 문수보살과는 멀어지게 되는 것이다.

눈과 귀의 경계에서 벗어난 자기의 참 성품자리에서 동자가 무착스님을 부르는 소리를 들을 수 있는 것이다.

만공(滿空) 선사의 선시(禪詩)에

단공불휴객(短筇不休客) 정당보덕굴(正當普德窟)

빈주불상견(賓主不相見) 친여수수성(親如水水聲)이라

"단장을 잡고 쉬지 않고 길을 걷는 나그네가, 마침 금강산 보덕굴에 이르렀는데, 나그네와 주인은 서로 친견하지 못하였으나, 그 친하기는 마치 물과 물소리 같네." 하였다.

보덕굴을 찾아간 나그네와 그 도량의 주인인 관음보살을 친견은 못하였으나 물 흐르는 소리가 나는 곳에 물이 없을 수 없고, 물 흐르는 곳에 물소리가 없을 수 없듯이 두 개체의 친하기가 결국 하나라는 말씀이다.

황벽(黃檗) 선사와 배휴(裵休)

당나라 때 배휴, 배탁이란 등이 붙어 나온 쌍둥이가 부모님이 일찍 돌아가시고, 생활이 어렵되자, 외삼촌 집에 의탁하며 살고 있던 중 한 스님과 외삼촌과의 대화를 우연히 듣게 되었는데, 저 아이가 이 집에서 같이 살면, 이 집안도 망하게 된다는 소리를 듣고, 외삼촌에게 하직 인사를 하고 집을 나와 떠돌이를 하다가 산중 암자에서 부목 일을 하며 지내고 있던 중, 아침에 목욕탕에서 청소를 하다가 보자기를 발견하였는데, 풀어보니 값진 보물(寶物)로 만들어진 삼전대였다.

견물생심(見物生心)이라, 이것 하나면 평생을 부자로 편히 살수가 있었지만, 필히 무슨 사연이 있는 물건이라 생각하고 가다리고 있던 중 할머니가 허겁지겁 달려오시며 보자기를 찾으시니 배휴가 내 드렸다.

사연(事緣)인즉 부농(富農)으로 외아들이 있는데, 아들의 실수로 마을 사람이 죽었는데, 중국에 가서 삼전대를 구해서 원님에게 바치면 아들의 목숨을 구할 수 있다하여 모든 재산을 팔아서 사가지고 오던 중 절(寺)이 있으니 목욕재계(沐浴齋戒) 하고 잠시 부처님 전에 예배(禮拜)드리고 아들을 살리겠다는 급한 마음에 삼전대를 잊고 간 것이다.

급하면 그렇게 될 수도 있는 것이다.

그렇게 세월을 보내다가 외삼촌 집에 다시 가니 마침 전에 오셨던 스님이 계시는데, 배휴를 보고 외삼촌에게 하시는 말씀이 저 아이를 공부를 잘 시키면 나중에 삼정승(三政丞)은 물론 대도(大道)를 이룰 수 있다고 하시는 것이다.

이유인즉 전에는 배휴의 관상(觀相)을 보았지만 지금은 심성(心性)을 보았다는 것이다.

그 후 배휴가 정승이 되었으나 동생인 배탁을 찾을 수가 없던 차에 황하강을 배를 타고 건너게 되었는데, 여름이라 사공이 웃옷을 벗고 노를 젓고 있었는데, 등의 흉터를 자세히 보니 동생 배탁이었다.

"너는 내가 정승이 된 소식을 못 들었느냐?" 알고 있었습니다.

그럼 왜 찾아오지 않았느냐?

"형님은 형님의 복(福)으로 정승(政丞)이 되어 높은 벼슬에 올랐지만, 나는 산과 물을 벗 삼아 오고 가는 사람들을 건네주며 대자연(大自然)과 함께 노니는 것이 형님의 삼공지위(三公地位)와 바꿀 것 없습니다." 하며 따라가지 않았다.

그 형에 그 아우이다.

하루는 홍주자사(洪州刺史)로 있던 배휴가 용흥사(龍興寺)에 왔다가 벽에 그려져 있는 고승들의 화상(畵像)을 보고, 안내하는 스님에게 물었다.

저것이 무엇이오?

"어느 고승들의 상(像)입니까?

스님의 말을 듣고 배휴는 거만한 말로 다시 물었다.

"형상은 그럴듯한데... 고승들은 지금 어디에 있소?"

안내하는 스님이 대답을 못하고 우물쭈물하자, 이절에는 선사(禪師)가 없소?

근래에 한 스님이 오셨는데 선사(禪師)같이 보입니다.

황벽은 백장의 법(法)을 받아 가지고 여러 곳을 다니다가 이절에 머물면서 청소나 하고 밥을 얻어먹고 있으면서 자신을 숨기고 있었다. 그러자 배휴는 그 선사를 불러 오라하여 배휴가 선사에게 물었다. 지금 저 벽에 그려진 고승들은 어디에 있소? 하니 이때 선사는 큰 목소리로 배휴! 하고 불렀다.

배휴는 깜짝 놀라며 엉겁결에 "예"하고 대답했다.

"지금 어디에 있는고?"

이에 언하대오(言下大惡)라, 언하에 깨달음을 얻고 선사에게 귀의하였다.

"예"한 그 자리는 『화엄경』에 행행도처(行行到處) 지지발처(至至發處)라, 가도 가도 그 자리요, 와도 와도 가고 옴이 없는 동시(同時)이고, 역천겁이불고(歷千劫異不古)요 항만세이장금(恒萬歲以長今)이라,

천겁이 지나도 옛 되지 않고 만세를 뻗쳐도 바로 지금인 것이다. "이뭣고"

유리병 속의 거위

당나라 남전(南泉)선사의 지인(知人) 육긍(陸亘)과의 선문답이다.

"옛날에 어떤 농부가 유리병 속에 거위를 한 마리 키우고 있었는데, 그 거위가 자라서 병 밖으로 나올 수 없을 만큼 몸집이 커져 버렸다. 스님이라면 병속에 든 이 거위를 병을 깨거나 거위를 다치게 하지 않고 어떻게 꺼내시겠습니까?

육긍이 말을 마치자 남전은 대뜸 그를 불렀다.

"대부!"

대부는 육긍이 어사대부를 지냈으므로 남전은 가끔 그렇게 불렀다. 이에 육긍은 반사적으로 "예"하고 대답하니,

"벌써 나왔소."

그 순간 육긍은 깨달음을 얻었다.

우리의 마음도 자신의 몸에 구속되었던 적이 없고, 거위 또한 병 속에 들어간 적이 없다.

다만 그렇게 생각했을 뿐이다.

무비공심(無鼻空心) "이뭣고"

경허 선사의 무비공심(無鼻孔心)의 유래는 당시 동은이라는 시자 승(侍者僧)의 부친 이 처사는 여러 해 동안 수행하여 스스로 깨침을 얻었는데, 하루는 동은의 은사인 도일 스님이 이 처사를 만나 차담(茶啖)을 하게 되었다.

이 처사왈 "중(僧)이 중노릇 잘못하면 마침내 소(牛)가 됩니다." 하니 도일 스님이 이 말에 "중이 되어 마음을 밝히지 못하고 다만 시주(施主)만 받으면, 죽어서 반드시 소가 되어 그 시주의 은혜(恩惠)를 갚게 됩니다." 하니 이 처사가 꾸짖으며 하는 말이 "어찌 사문의 대답이 그렇게 꽉 막혀서 되겠습니까?"

"그럼 어떻게 해야 옳습니까?" 이에,

여아시위우측위무천비공처(如我是爲牛側爲無穿鼻孔處)라,

"어찌 소가 되어도 멍에를 씌울 콧구멍 뚫을 곳이 없다고 이르지 않습니까?" 하니 더 이상 할 말을 잃고 동학사로 돌아가 참선 수행 중인 경허 선사께 이 처사의 말을 전해 드렸다.

그러자 그 말에 언하(言下)에 대오(大惡)하시고,

홀문인어무비공(忽聞人語無鼻孔) 돈각삼천시아가(頓覺三千是我家)

유월연암산하로(六月燕巖山下路) 야인무사태평가(野人無事太平歌)

"홀연히 문득 소(牛)가 되어도 멍에를 매는 콧구멍 뚫을 구멍이 없다는 말에 삼천세계가 내 집이라는 것을 깨달았도다. 유월 연암 산 아랫길에 할 일 없는 사람이 태평가를 부르네." 하시며 오도송을 남기셨다.

우리의 참 성품은 허공(虛空)과 같아서 거기에는 생사(生死)가 없으며, 동정(動靜)간에 티끌만한 한 법(法)도 붙을 수가 없는 우리의 본 고향이다. 허공 어디에 우리의 자유를 구속할 멍에를 뚫을 구멍이 있겠는가?

포대화상 송에

아유일포대(我有一布袋) 허공무가애(虛空無가碍)

전개편시방(展開遍時方) 입시관자재(入時觀自在)

"나에게 한 포대가 있으니 허공에 걸림이 없으며, 열어 펴면 온 시방에 두루하고 들일때에도 자유자재하도다." 하였다.

전강(田岡)선사께서는 정도(正道)로서 경허 선사 오도송의 법루(法漏)를 잡아서 허(虛)를 찔렀다.

바로 '무사태평가(無事太平歌)'라는 것이 법의 때(법루)인 것이다.

'돈각삼천시아가'라 깨달은 각견(覺見), '콧구멍 없는 소'의 색견(色見)의 '법의 때'를 찾아내는 것이 바로 활구(活口)를 법法답게 하는 것이다.

전강 스님은 당시 만공(滿空)스님께 이렇게 말씀 드렸다.

'유월연암산하로(六月燕巖山下路)'는 그대로 두고, 그 아래 구절 '야인무사태평가(野人無事太平歌)'을 제 나름대로 이렇게 붙이겠습니다. 하시고 "여여 여여로 상사뒤야" 하시며 태평가를 살아 움직이는 활구로 만드신 것이다.

이것은 농부들이 논매며 부르는 가락의 후렴이다.

다시 만공 스님이 물으셨다.

"그 무슨 뜻인가?"

그러자 전강 스님은 다시 "여여 여여로 상사뒤야"를 반복하면서 덩실덩실 춤을 추었다.

그것을 보고 만공스님께서

"손자가 할아버지를 놀리는 것일세, 참으로 손자가 할아버지를 놀리는 것일세." 하시며 인가(認可) 하셨다.

심월고원(心月孤圓) 광탄만상(光呑萬象) 광경구망(光境俱忘)

부시하물(復是何物)

　"마음달이 뚜렷이 밝아서 그 빛이 만상을 삼켜버렸네, 빛과 경계를 모두 놓아 버리니 다시 이것이 무슨 물건인가?" "이뭣고" 하시며 열반송을 남기셨다.

구지(俱指) 선사의 일지두선(一指頭禪)

무엇이 불법(佛法)의 대의(大義) 입니까?

구지 선사는 누가 무엇을 묻든 지간에 일생동안 검지 하나만 세워 보이셨다.

구지 선사 곁에서 시봉을 하던 시자(侍者)가 있었는데, 어느 날 선사가 출타 중 마침 어떤 스님이 찾아와 "요즘 스님의 법문은 어떠신가?" 하고 물으니 아무 말 없이 검지를 들어 보여 주었다.

매일 보고 배운 것이 그것이니 스님의 흉내를 낸 것이다.

선사께서 돌아오셔서 "누구 찾아온 자가 없었더냐." 하시니, 시자가 자세히 말씀 드렸다.

하루는 선사께서 주머니칼을 몰래 숨기시고, 시자에게 묻기를 "어떤 것이 불법의 대의 인고?" 하니 시자가 검지를 세워 보이자, 선사께서 얼른 그 검지 잡고 칼로 잘라 버리니 피를 흘리면서 달아나자, 구지 선사께서 "아무게야! 하고 시자를 부르셨다.

시자가 울면서 고개를 돌리자, 재빨리, "어떤 것이 불법의 대의인고?" 하시니, 시자가 얼른 검지를 세우려다가 손가락이 없는 것을 보고 홀연히 깨쳐 버렸다.

손가락의 뿌리(空性)을 본 것이다.

관색관공(觀色觀空) 즉색공(卽色空)이라,

"이뭣고"로 색(色)을 관(觀)하면, 색(色)에서 공(空)을 보게 되는 것이다.

중생들은 색(色) 성(聲)을 필연적으로 쫓아 따라 가는 꿈의 세계에 살고 있으나 "이뭣고" 수행은 내안의 공성(空性)으로 회귀(回歸)시키는 일대사인연(一大事因緣)인 것이다.

구지화상이 젊었을 때 천태산에 토굴을 짓고 정진을 하고 있을 때 하루는 날이 저물어 가는데 웬 비구니가 혼자서 육환장을 짚고 삿갓을 쓰고 찾아와 당당히 예를 갖추지도 않고 거만하게 선상(禪床)을 빙빙 돌고 있으니, 구지화상이 "비구니는 비구니의 예를 갖추어야지" 하니 "스님의 본래면목을 바로 일러 주시면 삿갓을 벗고 오체투지하여 예를 올리겠습니다." 하였다.

이에 꿀 먹은 벙어리처럼 아무 말도 하지 못하니, 비구니는 떠나 버렸다.

내가 여러 해 동안 죽자 살자 수행한다고 해왔지만 비구니에게

여지없이 짓밟힌 것을 생각하니, 참으로 분한 생각이 들어, 내일 토굴을 불 살러 버리겠다고 생각하고 잠시 잠이 들었는데, 백발노인이 나타나 현몽하며 "내일 큰 도인스님이 와서 너에게 법을 주실 것이니 기다리고 있거라." 하였다.

저녁때가 되어서 노스님이 토굴에 찾아오니, 구지화상이 실제 비구니에게 당한 일을 설명 드리면서 가르침을 청하니, 묵묵히 계시다가 찰나에 검지를 세워드는 순간 구지화상은 확철대오 하게 되었다.

이 분이 천룡(天龍)스님으로 마조 스님의 제자 되는 대매법상(大梅法常)스님의 제자이시다.

이 공안(公案)에 대하여 성철(性徹) 스님의 송(頌)이다.

"삼천대천세계에 큰 불이 일어나 부처도 조사도 다 타고 없어 천지(天地)가 텅 비었는데, 다시 거기에 청산(靑山)은 옛날과 같이 흰 구름 속에 솟아있네.

혀끝을 삼천리 밖에서 놀리니 유리 항아리 속 별천지의 해와 달이 스스로 분명하다." 하였다.

이 뜻을 바로 알면, 구지화상이 확연히 깨친 소식을 함께 할 수 있게 되는 것이다.

야부 스님 송(訟)에

천척사륜직하수(天尺絲綸直下垂) 일파재동만파수(一波纔動萬波隨)

야정한수어불식(夜靜寒水魚不食) 만선공재월명귀(滿船空載月明歸)

"천 길이나 되는 낚시 줄을 깊은 바다에 드리우니 한 물결 따라 만 가지 파도가 뒤따르네, 밤은 깊고 물도 차가워 고기 하나 물지 않으니 빈 배에 허공(虛空)만 가득싣 고 달빛 속에 돌아오네." 하였다. 천 길이나 되는 깊은 바다 속을 무심히 들여다보니 만 가지 파도가 이는구나.

캄캄한 밤에 물도 차가우니 부처와 조사가 신명(身命)을 잃어 버렸는데, 무명업식 뒤로 하고 빈 배에 허공을 가득 싫고 달빛 속에 본 고향으로 돌아오네!

임제 할

임제의현(臨濟義玄) 선사가 황벽 스님의 문중에서 수행할 때 그 행(行)이 순수하고 깊이가 있으므로 위 수좌인 목주 스님이 물었다.

"그대는 여기에 와 있는 지가 얼마나 되는가?"

"삼년이 됩니다."

"지금까지 조실(祖室) 스님에게 법(法)을 물은 적이 있는가?"

"아직 묻지도 않았지만 무엇을 물어야 할지도 모릅니다."

"그대는 어찌 조실 스님께 불법의 대의(大義)를 묻지 않는가?"

이에 임제 스님은 바로 가서 물었다.

그가 묻는 소리가 채 끝나기도 전에 황벽 스님은 바로 몽둥이로 후려갈기니 왜 맞는지도 모르고 기어 나왔다.

목주스님이 다시 물었다.

"문답은 어떻게 되었는가?"

"제가 묻는 소리가 채 끝나기도 전에 스님은 바로 후려 갈겼습니다.

저는 무엇이 무엇인지를 통 모르겠습니다."하니

"어쨌든 다시 가서 물어보게"

이와 같이 세 번을 묻고 세 번을 얻어맞고 난 후 "이제는 떠나가야 되겠습니다." 하고 임제 스님이 하직인사를 올리자 황벽 스님이 말했다.

"너는 고안탄두(高安灘頭)의 대우(大愚)스님에게 가거라. 반드시 너를 위해 설(說)해 줄 것이다."하였다.

그리하여 임제스님은 대우 스님에게 가니, 대우 스님이 물었다.

"어디서 왔는가?"

"황벽 스님의 휘하에서 왔습니다."

"황벽 스님은 무슨 말이 있었는가?"

"제가 불법의 대의를 세 번 물었다가 세 번 몽둥이로 얻어맞았는데,

저에게 잘못이 있습니까? 없습니까?"

"황벽 스님이 그렇게 노파심(老婆心)이 간절하여 너를 위해 수고

해 주신 것이다.

그런데 여기까지 와서 나에게 바보같이 묻는구나."

그러자 임제 스님이 이 말에 크게 깨닫고 혼잣말처럼 이렇게 말했다.

"원래황벽불법무자다(元來黃蘗佛法無多子)로구나!"

이 말을 들은 대우 스님이 바로 임제의 멱살을 움켜쥐고 말했다.

"이 오줌 싸게 새끼야, 방금 "잘못이 있습니까? 없습니까?"하고 묻더니 이제는 "황벽불법은 별것 아니다"고 하니 도대체 너는 무슨 도리(道里)를 보았느냐? 빨리 말해라."

이에 임제 스님은 대우 스님의 옆구리를 주먹으로 세 번 쥐어박았다.

이렇게 깨친 도리(道理)를 전하니, 이에 대우 스님이 말했다.

"너의 스승은 황벽이지 나는 아니다."

그러자 임제 스님은 대우 스님을 하직하고 다시 황벽 스님에게 돌아왔다.

"네놈이 이렇게 왔다 갔다만 하면 어느 때에 깨닫겠느냐?"

임제 스님이 말했다.

"다만 조실(祖室) 스님이 노파심절(老婆心切)하기 때문입니다."

"대우 스님은 무엇이라 말씀하시더냐?"

임제 스님은 대우스님과의 일을 소상히 말씀드리니, 황벽 스님이 말했다.

"어떻게든지 이 사람을 붙잡아서 한번 몽둥이를 먹이지 않으면 안 되겠군." 하시니,

"뭐 멀리 갈 것까지 있습니까?" 지금 바로 먹이십시오."하며 임제 스님이 손바닥으로 황벽 선사의 뺨을 갈겼다.

"이 미친놈이, 여기에 돌아와서는 호랑이 수염을 만지는구나."하시니 임제 스님이 바로 "할"했다.

이렇게 언어와 문자를 떠난 이심전심(以心傳心)으로 스승의 뺨을 갈겨 효도(孝道)한 후 인가(認可)를 받으면서 임제 할의 선종 가풍을 세웠다.

우리도 생활 속에서 일체처 일체시에 화두 "이뭣고"가 일행삼매(一行三昧)가 되도록 한다면 금생에 생사병(生死病)에서 꼭 벗어나게 되는 것이다.

덕산방(德山棒)

젊은 시절 서촉(西蜀)에 있으면서 『금강경』을 앞뒤로 외어 주금강으로 불리었다.

그 무렵 남방에서 교학(敎學)을 무시하고 오직 견성성불(見性成佛)을 주장하는 선종(禪宗)이 성행하고 있다는 말을 듣고 분개하여 남방에 와서 점심때가 되었는데, 마침 길가에서 노파가 떡을 팔고 있었다.

주금강이 떡을 사 먹으려 하니 노파가 묻는다.

"스님 등에 지고 있는 것이 무엇입니까?"

"내가 평생 공부한 『금강경』에 관한 책입니다."

"그렇다면 제가 한 가지 묻겠는데, 대답을 해주시면 떡을 그냥 드리겠지만, 대답을 못하시면 떡을 드실 수 없습니다." 하니 천하의 주금강이라 속으로 웃으면서 "말씀 해 보십시오." 했다.

　노파가 『금강경』에 과거심불가득(過去心不可得) 현재심불가득(現在心不可得) 미래심불가득(未來心不可得)이라고 했는데, 스님은 지금 어느 마음에 점을 찍으려고 하십니까?" 하니 점심(點心)은 배가 고프다는 생각을 없애기 위하여 점(點)을 찍는 다는 말이다.

　노파의 이 질문(質問)은 언어와 문자를 벗어난 선지(禪智)가 번뜩이는 물음이기 때문에 답을 못하고 점심을 먹지 못하였다.

　노파에게 "이 근방에 큰스님이 어디 계십니까?" 하니 용담선원(龍潭禪院)에 숭신(崇信)선사가 계신다 하니 찾아가서 "와서 보니 담(潭)도 없고 용(龍)도 없구만!" 하니, 숭신 선사가 "자네가 진짜 용담에 왔네." 하시니 그 뜻을 알지 못하였다.

　그 말씀은 선사가 천지조화(天地造化)를 자유자재로 부릴 수 있는 살아있는 활용(活龍)이라는 뜻이다.

　그리하여 숭신 선사와 대담을 마치고 객실로 가기 위해 방문을 여니 깜깜해서 신발이 보이지 않으니 용심지에 불을 밝혀 신발을 찾으려는 순간 선사가 불을 확 꺼버리면서 "너의 반야지혜의 광명으로 찾아야지!" 하는 순간 활연개오(豁然開悟)하고, 다음날 『금강경』 초소를 법당 앞에서 소각(燒却)해 버리고 "모든 현변(玄辯)(깊은 이치의 말)을 다해서 온 천하의 사람들을 설득시킨다 해도, 깨달은 경지에서 볼 때는 큰 허공 가운데 조그만 터럭 하나를 놓은 것 같고, 세상의 추기(樞機)(세상의 중요한 근본)를 다 한다 해도 한 방울 물을 큰 바다에 던진 것과 같다." 하며 숭신 선사의 제자가 되었다.

그 후 덕산 선사는 이렇게 깨치고 누구든 몽둥이로 대접(對接)하였다. 그렇다면 주금강이 어느 마음에 점(點)을 찍고 점심을 했어야 했는가?

기래끽반(飢來喫飯)이라, 그 순간 그냥 떡을 집어 먹었으면 그것이 점심(點心)인 것이다.

방거사(龐居士)

하루는 방거사가 큰 신심(信心)과 용기(勇氣)를 내어 석두 선사를 친견(親見)하고,

불여만법위여자(不與萬法爲如子) 시심마인(是甚麼人) 닛고?

"만 가지 진리의 법으로 더불어 벗을 삼지 아니하는 자, 이 누구 입니까?" 하고 물으니, 석두 선사가 그 즉시 방거사의 입을 틀어막 아 버렸다.

여기에서 방거사는 홀연히 진리(眞理)의 눈이 열렸다.

다시 방거사는 그 걸음으로 수백리 길을 걸어서 마조 선사(馬祖禪 師)를 친견하고, 석두 선사와 같이 물으니, 마조 선사께서

일구흡진서강수(一口吸盡西江水) 즉향여도(卽向汝道)라,

"그대가 서강수(西江水) 큰 강물을 한 입에 다 마시고 오면 일러

주리라” 하는 한 마디에 어하대도(言下大道)하여 마조 선사의 제자
가 되었다.

　그런 후로 방거사는 집으로 돌아와 대대로 물려온 전답(田畓)을
이웃에 주고 가보(家寶)와 전 재산(財産)을 큰 배에가 가득실고 가
까이 있는 동정호(洞庭湖)에 수장을 시키자, 사람들이 방거사에게,
“그 많고 귀중한 재물을 가난한 사람들에게 나누어 주었으면 얼마
나 큰 공덕(功德)이 되었겠는가?” 하고 아쉬워하며 물으니, 방거사
는 “내가 수행에 큰 짐이 되는 집착(執着)의 애물단지를 남에게 되돌
려주어서 되겠는가?” 라고 답하였다.

　그 후 자신은 수백 명을 거느린 장자로서의 호화로운 생활을 버
리고 가족과 함께 산으로가 오두막을 지어놓고 산죽을 베어다 쌀
을 이는 조리를 만들어 팔아서 생활을 하면서, 온가족(부인과 딸 영조)
이 참선수행에 몰두하였다.

　하루는 단하천연(丹霞天然)선사가 방거사를 찾아 왔는데 마침 딸
영조가 우물에서 체소를 씻고 있으니, “방거사 있느냐?” 하니, 영조
가 일어나서 양손을 가슴에 얹고(叉手) 가만히 서 있었다.

　선사께서 즉시 그 뜻을 아시고 어떻게 나오는지 시험해 보기위
해 “방거사 있느냐?”하고 재차 물으니, 영조가 가슴에 얹은 양손을
내리고 채소 바구니를 머리에 이고 집안으로 들어 가버리니 이에
선사도 즉시 되돌아 가셨다.

말이 없는 가운데 말이 분명하니, 이러한 문답(問答)을 바로 볼 줄 알아야 진리(眞理)의 고준한 안목을 갖추게 되고 만 사람을 도(道)에 이르게 할 수 있는 것이다.

어느 날 방거사가 가족과 함께 방에서 쉬고 있다가 한마디 던지기를 "난난난(難難難)! 어렵고도 어려움이여, 높은 나무 위에 일백 석이나 되는 기름통의 기름을 펴는 것과 같구나." 하니, 차부인이 그 말을 되받아서 "이이이(易易易)! 쉽고도 쉬움이여, 침상에서 잠자다 내려오는 것보다 쉽도다." 하며 명명백초두(明明百草頭) 명명조사의(明明祖師意)라,

일백 가지 풀끝이 모두가 불법의 진리(眞理)아님이 없구나." 하였다. 이에 딸 영조가 야불난(也不難) 야불이(也不易)! 어렵지도 쉽지도 않음이여, 기래끽반(飢來喫飯) 곤래면(困來眠)이라, 피곤하면 잠자고 목마르면 차를 마신다." 하였다.

이와 같이 우리 불자님들께서도 생활 속에서 방거사와 같이 일체처 일체시에 "이뭣고" 화두와 함께 하신다면 금생에 기필코 생사(生死)의 고해(苦海)에서 벗어나게 되는 것이다.

방거사 임종게

단원공제소유(但願空諸所有) 신물실제소무(愼物實諸所無)

호주세간(好住世間) 개여영향(皆如影響)

"다만 있는 것들을 비우기를 바랄지언정 함부로 없는 것들을

채우지 마라, 즐거이 머문 세간 모두 그림자와 메아리 같나니!"
하였다.

간화선을 재창한 대혜종고 선사도 이 두 구절만 지우지 않는다
면 평생 참선(參禪)하는 일을 마친다하였다.

"이뭣고" 수행법

『신심명』(信心銘)과 "이뭣고"

중국 수대(隨代) 선승인 삼조(三祖) 승찬대사는 젊은 시절 풍질(風疾)(문둥병)에 걸려 천형(天刑)으로 믿었으며, 그 죄를 참회하기 위하여 이조(二祖) 혜가(慧可)를 찾아가게 되었다.

"제자의 몸이 풍질에 걸렸습니다. 청(請)하건데 저의 죄(罪)를 참회시켜 주십시오."

대사가 말씀하셨다.

"죄(罪)를 찾아온다면 자네를 참회(懺悔)시켜 주겠네."

승찬이 묵묵히 있다가,

"죄(罪)를 찾아도 찾을 수가 없습니다."

대사 왈 "내가 그대의 죄를 참회시켜 마쳤다. 마땅히 불법승(佛法僧) 삼보(三寶)에 의지하여 살아야 하느라." 하시고 대사께서 깊이 법

깨달음 | 173

기(法器)라 여겨 곧 삭발하게 해 하시니,

"지금 스님을 뵙고 이미 승보(僧寶)는 알았습니다만, 무엇을 불보(佛寶), 법보(法寶)라 합니까?"

"이 마음이 곧 불보이고 이 마음이 곧 법보이다. 불과 법이 둘이 아니며, 승보 또한 그러하느니라."

"오늘에야 비로소 죄의 성품(性品)이 공(空)하여 안에도 밖에도 있지 않으며 중간에도 있지 않음을 알았습니다."

"그대는 나의 보배이니, 이름을 승찬(僧璨)(승가의 옥구슬)이라 하리라." 하였다.

내가 이제 그대에게 깨달음의 본체인 정법안장(政法眼藏)과 달마 대사께서 믿음의 표시로 주신 가사(袈裟)를 주노라." 하시며

본래연유지(本來緣有地) 인지종화생(因地種華生)

본래무유종(本來無有種) 화역부증생(華亦不曾生)이라,

"본래 땅이 있음을 인연(因緣)하여 땅으로부터 씨앗이 꽃을 피우니 본래 씨앗이 있지 않았다면, 꽃도 또한 일찍이 피지 않았으리." 하시며 법(法)을 전하셨다.

우리의 자성번뇌(自性煩惱)도 번뇌의 뿌리가 있는 것이 아니고, 중생의 마음이 미(迷)해서 뿌리 없이 잠시 일었다가 살아지는 조작(造作)인 것이며, 생사(生死) 또한 인연(因緣)따라 일어났다 사라지는 뜬 구름 같은 것이라 진여실상(眞如實相)에는 없는 것이다.

낭야각 선사에게 어느 날 재상이 편지로 "『신심명』은 불교의 근

본 골자로서 지극한 보배입니다. 이글에 대하여 자세한 주해(註解)를 내려 주십시오." 하고 부탁하니, 답하기를

　지도무난(至道無難) 유념간택(唯嫌揀擇)

　단막증애(但莫憎愛) 통연명백(洞然明白)이라

"도(道)에 이르는 길은 어렵지 않으니, 오직 간택하는 마음을 내지마라, 미워하고 사랑하는 분별심만 내지 않으면 모든 것이 막힘이 없이 뚫려 훤하게 되리라."는 첫 구절만 크게 쓰시고, 나머지 뒤 구절은 모두 조그맣게 써서 주해를 붙여 주었다.

　이것이 신신명에 대한 천고(千古)의 명 주해(註解)로 역사적으로 유명한 사실이 되었다.

　지극한 도(道)란 무상대도(無上大道)이고, 간택이란 취하고 버리는 것을 말하는데, 무상대도를 바로 깨치려면 간택(揀擇)하는 마음부터 먼저 버리라는 것이다.

　간택(揀擇)이란 좋은 것은 받아들이고 싫은 것은 피하려는 것이다. 그런데 이 좋고 싫은 것이 한 생각일 뿐이어서, 생각이 없으면 자연히 따라서 없어지는 것이다.

　한 생각 망상, 시시분별의 주인공인 아(我)라는 실체 없는 에고의 소멸이 지도(至道)이며, 이때 에고가 사라진 자리에 본래면목이 드러나 반야지혜의 무분별지(無分別智)가 유혐 간택이다.

　그 대표적인 것이 미워하고 사랑하는 마음, 즉 증애심(憎愛心)이다. 이 증애심만 완전히 버리면 무상대도를 성취하지 않을 수 없는

것이다.

호리유차(毫釐有差)면 천지현격(天地懸隔)이며,

욕득현전(欲得現前)이면 막존순역(莫存順逆)이라,

"털끝만큼 이라도 차이가 있으면 하늘과 땅 사이로 벌어지나니, 도가 앞에 나타나기를 바라거든 따름과 거슬림에서 벗어나라."

'따름'과 '거슬림'을 버리라 한 것은 상대법으로 따른다 함은 좋아한다는 것이고, 거슬린다 함은 싫어한다는 것이다.

즉 한 생각이 주객이 전도(顚倒)되어 주인노릇 하는 것을 멈추게 하라는 것이다.

나의 간택함과 전혀 상관없이 인생이 진행(進行)됨을 알게 된다면, 간택(揀擇)을 뒤로 하고 모두가 지극한 도(道)에 들게 될 것이다. 이것이 진리(眞理)의 전부이다.

지도무난(至道無難)이란 참 나인 부처에 이르는 길은 간택, 즉 취사선택(取捨選擇)만 버릴 뿐이다.

이미 누구에게나 차별 없이 구족(具足)되어있고 평등한 불성(佛性)을 갖추고 있기 때문에 갈고 닦아서 얻으려 하는 것은 기왓장을 갈아서 거울을 만들려는 것과 같다.

또한 미워하거나 사랑하는 마음인 증애심(憎愛心)만 떠나면 중도정각(中道正覺)인 것이며, 방하착(放下着)인 "이뭣고" 수행을 통해 아(我)가 환(幻)임을 증득(證得)하고 집착을 끊어, 무아(無我)일 때 취사선택할 내가 없어 여여부동한 무사인(無事人)이 되는 것이다.

대사가 대중에게 심지법문(心地法問)을 설하신 뒤에 법회하던 큰 나무 밑에서 "나는 생사를 자유롭게 할수 있다." 하시고, 합장하고 서서 임종하시니 수나라 양제 때이다.

승찬 대사는 임종 시에 나는 이 사바세계에 3번 다녀간다.

"첫 번째는 17조 승가난제존자(僧伽難提尊子)요

두 번째는 지금의 나이며 세 번째는 조주 땅에 출현할 것이다." 하였다.

원효대사와 사사무애법계

사법계(事法界)는 조그마한 배를 타고 바다에 나가니 물에 안 빠지고 싶지만 빠져서 괴롭고, 결혼도하고 해어지고, 성공(成功)도하고 실패(失敗)도하는 인생살이다.

이법계(理法界)는 물에 안 빠지기 위해서 방파제 안에서 놀고, 머리깎고 중이되고, 결혼도 하지 않는다.

이사무애법계(理事无涯法界)는 큰 배를 타고 파도의 원리(原理)를 이용하기 때문에 물에 안 빠지게 된다.

그러나 물에 빠진다 안 빠진다를 떠나서 물에 빠지면 전복을 따고 진주조개를 주으면 되니 둘로 나누지 않는 세계가 사사무애법계(事事无涯法界)이다.

원효가 당대 최고의 스님으로 명성을 날리며 많은 사람들에게 존경을 받고 있을 때 대안(大安) 스님은 경주 남산 골짜기에서 움막 속에 살면서 산짐승들이나 돌보며 살고 있었다.

하루는 원효대사가 대안대사가 살고 있는 토굴에 찾아가니 오소리새끼들이 죽은 엄마 품에서 배고픔에 울고 있으니, 측은지심에 목탁을 치며 염불을 하고 있던 중 대안대사가 마을에서 우유를 구해가지고 돌아왔다.

목탁을 치고 있는 원효에게 "굶주림에 먹이를 찾으며 울고 있는 세끼들에게 밥을 주어야지 염불이 밥이 되겠나." 하니 원효가 다시 한번 깨닫게 되었다.

그러던 어느 날 걸승인 대안스님을 길거리에서 만나게 되었는데, 나와 같이 가자하여 가본 곳이 비천(卑賤)하고 가난한 사람들과 창녀들이 모여 사는 빈민촌이었는데, 술집 주모에게 술 한상 가져오라고 하니, 계율을 청정히 지키고 왕족과 귀족은 물론 상류층과 교류해온 원효는 자리를 박차고 일어나 나가니, 대안 스님이 원효의 등 뒤에서, "여보시게 원효, 마땅히 구제 받아야 할 중생을 여기다 두고 어디 가서 중생을 구제한다는 말인가?" 하였다.

분황사에 돌아와서 부처가 둘이 아니고, 색공(色空)이 둘이 아니라고 법문은 했지만, 결국 경계에 부딪치니 귀천(貴賤)을 나누고 깨끗한 것을 취하고 더러운 것을 멀리하고 있었던 것이다.

이렇게 깨닫고 원효는 아무도 모르게 감천사라고 하는 절에 가서 부목(負木)살이를 시작하게 된다.

그 절에는 방울 스님이라고 하는 볼품없는 꼽추 스님이 있었는데, 행동조차도 어린 아이와 같아서 스님들 사이에서 천대(賤待)를 받고 있었다.

원효는 나름대로 방울 스님을 특별히 보살펴 주기도 하며 한동안 마물다가 원효가 한밤중에 짐을 챙겨 조용히 대문을 열고 막 나가려고 하는데, 문간방에 사는 방울 스님이 얼굴을 빼꼼히 내밀면서 "원효 잘가게" 하면서 방문을 탁 닫아 버리는 순간 원효는 얼어붙은 듯 움직이지 못하고 다시 한번 크게 깨닫게 된다.

원효가 하심(下心)한다고 갖가지 어려움을 참고 보살행을 했지만, 그러나 방울 스님은 보살핌을 받아야할 불쌍한 스님이 아니라 이미 깨달아서 밝게 보는 분이었고, 동촌에 살고 있는 가난하고 비천한 사람들이 구제받아야 할 중생이라는 것은 원효의 생각이고, 구제받아야 할 중생은 바로 명성(名聲)과 권위(權威)라는 헛된 상(相)에 사로잡혀 있던 원효 자신임을 깨우치게 되었다.

그것을 벗어던지기 위해 승려에게 있어서 목숨과도 같은 계율을 요석공주에게 파계(破戒)하고, 원효는 파계한 승(僧)으로서 엎드릴 복(伏)자를 써서 복성거사라고 스스로 칭하고 노래도 부르고 술도 마시고 광대복장을 하면서 동촌마을 사람들과도 어울리게 된다.

이단계가 화작(化作)이며 사사무애법계(事事无涯法界)인 것이다.

원효가 부목(負木)일 때는 부목을 흉내내는 원효라는 자아(自我)가 있었지만, 지금은 부목이 부목질을 하는 것이니 원효를 찾을 수가 없는 것이다.

고기를 잡으면 어부가 되고, 농사를 지으면 농부가 되고 술을 마시면 술꾼이 되고 소를 잡으면 흉내를 내는 것이 아닌 백정이 되는 것이다.

또한 사사무애법계(事事无涯法界)의 사람은 우리와 똑같은 차림을 하고 똑같이 어울린다. 화도 내고, 술도 먹고, 싸움도 하니 표가 안 난다. 때로는 법상(法床)에도 앉게 되고 민중 속에도 함께하며 현생에서 자유자재권을 누리는 것이다.

일체무애인(一切无涯人) 일도출생사(一道出生死)라, 생활 속에서 일체처 일체시에 "이뭣고" 수행으로 망념(妄念)과 집착(執着)에서 벗어난 무애인(无涯人)이 되어야 금생에 생사(生死)를 해탈하는 대도(大道)를 이루는 것이다.

순치 황제(順治皇帝)

백년 삼만육천일(百年三萬六千日) 불급승가반일간(不及僧家半日間)

아본서방일납자(我本西方一衲子) 연하유락재왕가(緣何流落宰王家)

"백년 삼만육천 일이 승가의 한 나절에 불과 하거늘, 본래 서방의 걸식(乞食)하던 일개 납자(衲子)였는데, 어찌하여 만승천자(萬乘天子)로 타락하였는고?"

순칠 황재가 발심출가(發心出家) 할 때 탄식하며 만승천자의 부귀영화를 가장 큰 타락으로 보고 보위(寶位)를 헌신짝같이 차버리고 대각(大覺)을 성취하기 위해 일체를 버리고 산행(山行)을 택할 때의 출가시(出家詩)이다.

청나라 3대 순치 황제(順治皇帝)는 6살에 등극하여 18년 동안 쉴

새 없이 싸워서 중원(中原)을 통일 시킨 중국의 역사상 최대의 제국을 창건한 영웅이다.

그리고 23세 되던 해에 출가(出家) 하였다.

그는 전생에 인도의 수도승 이었는데, 그 나라 왕의 폭정에 백성이 시달리자, 수행 선정가운데 "내가 왕이었다면 백성을 위하여 왕도(王道)로써 정치할 것이거늘"하고 찰나 생각을 한 인과(因果)로 중국의 황제가 되었다.

그의 전생(前生)은 다음과 같다.

어느 절에 노스님이 한 분이 있었는데, 덕(德)이 높고 수행이 깊어 대중에게 존경을 받았다. 어느 날 한 상좌가 "노 스님 언제 옷 벗으실 겁니까? 하고 여쭈니, 뒷산 바위가 무너질 때 벗으마," 하였다. 하루는 상좌에게 지필묵을 가져오라 하고 사람의 얼굴을 그린 후에 눈동자를 남겨두며 하는 말이 "40년 후에 이 그림을 걸개로 하여 중원천하를 돌아다니며 "자기 영(靈)을 찾으시오"하고 소리를 치고 다니면 내가 나타나 눈동자를 그려줄 것"이라 하고는 목욕재계하고 의복을 단정히 한 채 좌탈입망(坐脫立亡)하시니 갑자기 뒷산의 바위가 무너져 내렸다.

40년 후에 청나라에는 순치 황제가 황제의 자리에 올라 피비린내 나는 전쟁을 수행하며 중원천하를 통일하여 자금성에 앉아 있는데, 성 밖에서 "자기 영(靈)을 찾으시오."하는 소리가 들렸다.

그 사람을 입궐(入闕)시키니 어느 스님이 걸개 그림을 들고 있는데, 눈동자가 없었다.

황제가 붓을 들어 눈동자를 그려주자 "40년 만에 스승님을 뵙습니다." 하면서 스님이 큰절을 올리고 연유(緣由)를 말하니, 순치는 홀연히 자신의 전생을 깨달았다.

그 길로 곤룡포를 벗어 던지고 오대산으로 들어가면서 시(詩)를 지으니 그것이 유명한 순치황제의 출가시이다.

유식
(唯識)

삼계유심(三界唯心) 만법유식(萬法唯識)

대승기신론에

"삼계허위(三界虛僞) 유심소작(唯心所作)이라,

삼계가 허위한지라 오직 마음이 지은바이니, 마음을 여의면 곧 육진(六塵)의 경계(境界)가 없으리라. 일체의 분별이 곧 자심(自心)을 분별함이니 마음이 마음을 보지 못하여 모양을 얻을 수 없고, 세간의 일체경계가 다 중생의 무명망심(無明妄心)을 의지하여 머물러 가짐을 얻었느니라." 하였다.

일체법은 모두 여래장심(如來藏心)을 따라 일어나 망념(妄念)의 분별로서 나왔으므로 일심(一心)은 법계총상 자체이며, 본래 불생(不生)하여 끝내 한 법도 없다.

그런데 지금 나타난 일체법은 모두가 망념을 따라서 의(意)가 일

어나 나왔을 뿐, 일심(一心)의 자체가 일체법으로 나온 것은 아니며, 또한 세간의 일체경계와 차별상은 모두가 중생이 무명망심(無明妄心)을 의지해서 현재에 안주하고 미래의 종자(種子)를 지니게 되는 것이다.

시고(是故) 일체법(一切法) 여경중상(如鏡中像) 무체가득(無體可得) 유심허망(唯心虛妄) 이심생즉(以心生則) 종종법생(種種法生) 심멸즉(心滅則) 종종법멸고(種種法滅故)라.

"그러므로 일체법은 거울 속에 나타난 허상(虛想)과 같아서 얻을 만한 실체(實體)가 없듯이, 삼계(三界)도 심의식(心意識)의 허망(虛妄)한 망상(妄想)으로 일어났을 뿐이다.

왜냐하면 일심(一心)이 무명으로 나오면 갖가지 법(法)이 따라서 나오고, 일심의 무명(無明)이 사라지면 갖가지 법(法)도 따라서 사라지기 때문이다." 그래서 유식(唯識)은 "모든 현상은 오직 마음 작용에 지나지 않는다."는 뜻이다.

일체유심조도 일체가 심식(心識)에 의지해서 존재(存在)하고 작용(作用)한다는 말이다.

이것이 불교의 근본이며 기본이다.

삼라만상 우주 땅, 사람들이 몽땅 의식(意識)으로 빚어낸 허망한 업(業)의 그림자 일 뿐이다.

생사(生死)또한 하나의 환상(幻想)이다. 진실(眞實)은 불생불멸(不生不滅)이다.

또한 묘각(妙覺)의 여명(黎明)으로 생긴 허망한 마음에서 일어나는 것이 식심(識心)인데, 이 식(識)이 육근에 붙어 육근(六識)이 되는데 심왕(心王)의 육문성(六門城)을 점령하고 있는 마왕(파순)과의 전쟁이 수행(修行)인데, 육문성곽(六門城郭)을 옛날 화살로 아무리 쏘아봐야 성벽을 넘어 마구니를 물리 칠 수 없는 것이니, 성안을 바로 폭파시킬 수 있는 최신 무기가 바로 원자폭탄인 "이뭣고"이며, 찰나간 한생각의 뿌리를 "이뭣고"로 잘라 버림과 동시에 생각이전의 근본자리를 자동적으로 "이뭣고"로 관(觀)하게 되는데, 이것이 회광반조이며 마구니를 항복받아 업장을 소멸시키는 유일한 길(道)이다.

만법유식(萬法唯識)이란 지금 현재 면전에 전개되고 있는 온갖 법(法)이 심식(心識)으로만 헛되이 지어진 것이므로, 고정된 실체가 없는 것에 집착(執着)하지 말라는 것이고, 즉 무자성(無自性)으로 자체성이 없고 진심(眞心)의 거울에 비친 망념(妄念)의 그림자 일뿐이고 꿈과 같고 환(幻)과 같다는 것이니, 거기에 따라가지 말라는 것이다.

『수능엄경』에

제8장식(藏識)인 아타나(阿陀那)란 미세한 식(識)이 수만 생의 인습(因習)으로 굳어진 것이 식심(識心)이다. 그 식심(識心)으로 일어나

는 번뇌 망상이 마치 폭포처럼 흐르고 있다.

그래서 육근(六根) 중에서 두루 통하는 하나의 의식을 택해서 감상(感想)을 따라 흐르는 식심(識心)을 두루 원만한 각성(覺性)으로 몰입(沒入)시키면 마침내 정각(正覺)을 이루리라 하셨는데, 그 유일한 수행법 역시 "이뭣고"이다.

심생즉종종법생(心生則種種法生) 심멸즉감분불이(心滅則龕墳不二) 삼계유심(三界唯心) 만법유식(萬法唯識) 심외무법(心外無法) 호용별구(胡用別求)라,

"마음이 생기는 까닭에 여러 가지 법이 생기고, 마음이 멸하니 토굴과 분묘가 둘이 아니네. 마음밖에 일체법이 없는데 무엇을 밖에서 구할 것이 있겠는가?"

어제 밤에 마셨든 감로의 물이 아침에 보니 해골바가지에 담긴 것을 보고, 토해내면서 깨친 원효대사의 오도송이다.

유식(唯識)과 "이뭣고"

식識(앎)이 본래 스스로 아는 앎이 없건만, 중생이 허망한 한 생각을 붙잡아서 마음(識)으로 삼음으로서 무명(無明)이 벌어진 것인데, 일단 이것을 실체로 오인하고 집착심(執着心)을 일으키는 것이다.

제 입으로 이 세상이 꿈(幻)이라고 말 하면서도, 이 꿈 속에서 다시 좋고 나쁜 꿈을 가리고 분별해서 이쪽저쪽을 나누고 가르기를 그치지 못하는 것이다.

유식학은 4세기경 인도 간다라국의 승려 무착의 《섭대승론》를 통해 대승불교의 교학체계로 정립되었고, 그의 동생 세친《유식30론송》의해서 완성되었다.

내 마음에는 견문각지(見聞覺知) 6식이 시작하는 자리가 있다.

그래서 선문(禪門)에서는 견문각지를 대하는 자가 누구냐? 하고 묻는 것이다.

이것이 향상일구(向上一句)이다

보고 듣고 깨닫고 아는 견(見) 문(聞) 각(覺)은 전 5식의 마음 작용에 해당하고, 지(知)는 제 6식과 그보다 더 심층의 식(識)들의 마음작용에 해당한다. 따라서 견문각지는 마음(心), 즉 6식 또는 8식이 객관세계를 접촉하는 것을 총칭한다.

즉 마음의 인식활동을 말한다.

보고 듣고 깨달아 앎, 오관(伍官) 즉 안 이 비 설 신을 통해 뜻(意)으로, 법(法)을 아는 지혜를 말하는데, 견(見)은 안식(眼識)의작용 시각, 문(聞)은 이식(耳識)의 작용 청각(聽覺)은 삼식(三識(후각, 미각, 촉각) 지(知)는 의식(意識)의 작용인 정신(精神)이다.

유식설은 법(法)을 나타내게 하는 식(識)이라는 순수한 정신작용이라는 '유식설'을 연구하는 것으로 '일체유심조' 로서 모든 것은 마음이 지어낸 것이라는 뜻이다.

모든 종류의 법이 현재와 같이 성립할 수 있도록 하는 공(空)에 근거한 원인(原因)이자 기능력(機能力)을 종자(種字)라고 한다.

인간에게 고통을 가하는 모든 번뇌(煩惱)는 그 원인이 식심(識心)에 있다고 본다.

또한 중생이 괴로움을 겪는 것은 '지금 이 순간'에 머물러 있지 못하고, 과거의 일을 반복해서 떠올려 거기에 매달리고, 아직 오지 않는 미래의 일을 걱정하며 사로잡히기 때문이다.

따라서 해탈에 이르기 위해서는 주관과 객관을 비롯한 일체의 구별, 집착에서 벗어나고, 무심(無心)의 상태에 도달해야 한다는 것이 '유식학'의 근본이다.

그는 인간의 마음 작용에 대하여

전5식(前五識):

근본식(根本識)(안이비설신)은 아뢰야식에 의지해서 조건에 따라 일어난다. 이는 파도(전5식)가 물(아뢰야식)에 의지 하는 것과 같다. 즉 전5식은 아뢰야식의 색안경을 통해 바깥 대상을 지각한다. 따라서 심층에 잠재하고 있는 아뢰야식이 각자 다르기 때문에 어떤 대상(對象)에 대한 판단과 사람의 평가도 제각각일 수 밖에 없으며, 눈, 코, 혀, 몸의 감각기관에 의해 외부 세계의 대상을 지각하는 마음의 작용이고, 또한 환상(幻想), 환영(幻影)도 만들어 낸다.

제6식(第六識):

사유(思惟) 능력으로서의 감각 내용들을 총섭하고 개념적으로 사유화하고 판단하는 능력을 가지고 있다. 이때 오근이 오경(伍境)을 각각 포착하여 느끼는 것을 전5식(前伍識)이라 하고, 제6근이 법경(法境)을 파악하는 것은 제6식이라고 한다.

전5식 까지는 아직 주객, 자타, 내외, 분별이 없고, 우리가 잠을 잘 때는 활동하지 않는다.

바깥의 객관대상을 내용으로 객관화하여 이해하는 것이 제6식의 단계이며, 의식 기능으로 의식의 대상을 인지하는 작용이다.

제6식이 우리가 외부사물을 볼 때, 우리의 의식(意識)은 밖의 대상을 '나'라고 느끼지 않고 나와 따로 분리시켜 외부의 대상을 객관화 하는 작용하는데, 이때 이전에 깔려있던 '자의식'인 제7말라식이 작동하여 감각의 대상을 감각의 주체와 구별하여 개념화하는 제6식의 활동을 돕는다.

제7(第七)말라식:

말라식은 바깥 대상을 인식하는 게 아니고 아뢰야식을 대상(對象)으로 해서 일어나고, 생각하고, 헤아리고, 비교하는 것을 본질(本質)로 삼는다.

자신에 대해 어리석은 아치(我癡), 자신을 독립적인 존재라고 착각(錯覺)하는 아견(我見), 자신을 높이고 남을 낮추는 아만(我慢), 자신만 아끼고 소중히 여기는 아애(我愛)와 함께 동시에 일어나기 때문에 자아(ego)의 본바탕이며, 바깥 대상과 관계없이 그냥 내면에서 떠오르는 번뇌(煩惱)이고 분별(分別)이고 자의식(自意識)이다.

즉 자신의 기억(記憶)이, 전생의 업식(業識)이 바로 자기 자신이라고 믿기 때문에 이것들을 바탕으로 생각을 일으키고 자아(自我)가 있다고 믿는 것이다.

또한 제7말라식은 거짓 나(假我)이며 에고이즘의 나로서, 우리가 생활 속에서 일으키는 화, 성냄, 불안, 초조, 근심, 걱정 등 최초의 한생각도 제8아뢰야식에 전달되어 마치 컴퓨터에 입력된 정보를 꺼내 쓰듯이 전생에 업장(業藏)속에 쌓아 놓았던 길들이고 익힌습관(習慣)들을 여과 없이 받아쓰게 됨으로서 각종 감정(感情)이 표출되는 것이며, 그것이 현생에 성격(性格)과 고정관념(固定觀念)이되며, 또한 정신질환, 알콜중독 등 각종 병고(病苦)도 전생에 자기가경험했던 병력(病歷)을 금생에 다시 받아쓰게 되는 것이니, 만병(萬病)의 근원인 그 업장(業藏)을 소멸(消滅)해야 모든 병(病)의 치유(治癒)가 확실하게 되는 것이다.

이렇게 제7말라식은 허수아비, 광대노릇을 하고 있으며, 그 거짓나(假我)는 무아(無我)로서 존재(存在)는 없는데, 행(行)의 과(果)만업(業)보따리에 쌓여서 윤회(輪廻)를 거듭하게 되는 것이다.

전5식이 외부대상에 대한 지각이라면, 말나식은 과거의 경험에대한 자기인식이기도 하다. 따라서 이는 외부의 대상과 무관한 상상이자 허상(虛想)으로 온갖 번뇌의 원인이 되는 것이다.

제8(第八)아뢰야식:

아뢰야식은 과거의 경험이 인간 마음의 내면에 잠복(潛伏)해서잠재력의 상태로 있는 것을 말한다.

따라서 전5식과 의식(意識), 그리고 말라식은 모두 아뢰야식에 의해 일어나며, 저장식(貯藏識)이라고도 하는데, 잠복(潛伏) 상태에 있는 아뢰야식의 종자(種子)(아타나)가 제7말라식의 한 생각으로 의식에 떠오르면 탐욕, 분노, 고락, 선악 등으로 나타나게 된다.

마치 무슨 씨앗인지 잘 구별되지 않는 좁쌀 같은 갖가지 씨앗이 바구니에 가득 담겨 있는데, 그 하나를 집어내어 물을 주면 싹이 돋아나 그 본색을 드러내는 것과 같다.

이러한 고통을 낳는 자극에 휩쓸리지 않고, 마음이 없는 상태를 유지하는 것이 번뇌(煩惱)에서 벗어난 전의(轉依)의 상태이다.

"마음이 없어 생각하거나 헤아리지 않으니, 이는 출세간의 지혜(智慧)이다. 주관(主觀)과 객관(客觀)을 버림으로써 문득 전의(轉依)를 증득(證得)한다."-유식29송-

"이것은 번뇌(煩惱)가 없는 상태이고, 불가사의(不可思議)하고, 선(善)이고, 불변(不變)이고, 안락(安樂)이고, 해탈신이고, 위대한 성자(聖者)이니, 이를 법신(法身)이라고 한다."-유식30송-

인간에게 고통을 가하는 모든 번뇌(煩惱)는 그 원인이 심식(識心)에 있다고 보며, 중생이 괴로움을 겪는 것은 "지금 이 순간"에 마물러 있지 못하고, 과거의 일을 반복해서 떠올려 거기에 매달리고, 아직 오지 않는 미래의 일을 걱정하며 사로 잡혀 있기 때문이다.

현대과학에서 두뇌(頭腦)의 기능(機能)과 활동(活動)에 대하여 우리가 '마음'에 해당하는 신체부위를 전(前)에는 자신의 심장을 말했는데, 최근에는 뇌(腦)의 중요성과 중추신경계와 관련된 연구가 과학자들에 의해 진행되고 있다.

특히 서로 다른 심리적 기능을 가지고 있는 뇌의 좌반구와 우반구의 기능적인 분화가 어떻게 통합적으로 작용하는가를 자세히 밝히는 연구가 생리심리학에서 진행되고 있지만 이것은 단지 뇌의 기능의 문제이고, 모든 질병의 근본 원인이 되는 본질적인 치료는 제8아뢰야식에 쌓아놓은 업장(業障)의 소멸만이 생사문제로부터 질병(疾病)을 치유하는 열쇠가 되는 것이다.

그래서 한 생각이 일어나면 찰나 간에 '틈'을 가져야 한다. 예를 들어 남에게 화를 내거나 부정적인 말을 하려고 할 때, 그것을 즉각 알아차리고 그 한 생각의 뿌리를 "이뭣고"로 잘라 버리는 것이 심리치료는 물론 가아(假我)가 전생(前生)을 재연(再演)하는 것을 막는 유일한 길이며, 이것이 첫 번째 생활 속에서 제가불자들이 누구나 쉽게 할 수 있는 수행의 시작이 되는 것이다.

사지(四智)와 유식삼성(唯識三性)

우리가 금생에 사지(四智)를 체득하여 생사고(生死苦)에서 벗어나는 유일한 길잡이가 생활 속에서 성취(成就)할 수 있는 활구 참선법인 간화선 "이뭣고" 이다.

전의(轉依)로 얻은 네 가지 청정한 지혜를 사지(四智)라 하는데, 전의(轉依)는 번뇌(煩惱)에 오염되어 있는 여덟 가지(八識) 마음 작용을 청정한 상태로 변혁(變革)시킨 다는 뜻이다.

전의(轉依)는 불가사의한 전식득지(轉識得智)로서 자신의 존재기반 자체를 허망한 상태인(변계소집성)으로부터 "이뭣고"를 수행함으로서 원성실성(圓成實性)으로 변형시켜 완전한 불지(佛智)를 이루는 것을 말한다.

온갖 분별이 끊겨 마음도 없고 대상도 없기 때문에 이분법(二分

法)의 언어로 표현할 수 없는, 스스로 체득(體得)한 내면의 깨달음
이다.

또한 전식득지는 중생의 무명(識)이 본래 물듦이 없는 반야(般若)
인 줄을 깨달으면 그것이 바로 부처이며 진여(眞如)라는 것이다.

전5식(前伍識)을 질적(質的)으로 변혁시켜 중생을 구제(救濟)하기
위해 해야 할 것을 모두 성취(成就)하는 성소작지(成所作智)로 바꾸
고, 제육식(第六識)은 모든 현상을 잘 관찰하고 자유자재로 가르침
을 설(說)하여 중생의 의심을 끊어주는 묘관찰지(妙觀察智)로, 제칠
第七말나식은 사번뇌(四煩惱)가 소멸됨으로서 자타의 평등함을 깨
달아 대자비심을 일으키는 평등성지(平等性智)를 얻고, 제팔(第八)아
뢰야식은 모든 종자(種子)가 소멸되어 마치 온갖 것을 있는 그대로
비추어내는 크고 맑은 거울 같은 청정한 무분별지(無分別智)인 대원
경지(大圓鏡智)를 성취하는 것을 말하고, 마음(識)이 없어 생각하거
나 헤아리지 않으니, 이는 출세간의 지혜(智慧)가 되나 지식(知識)으
로 쌓인 중생의 인격(人格)은 한 생각으로 인(因)하여 전생(前生)의
인과(因果)에 의해서 아뢰야식(장식)에 쌓아 놓은 업식(業識)을 따르
기 때문에 사회 저명인사나 대통령의 인격도 양면성(兩面性)이 있
어 하천(下賤)하게 나락으로 떨어지게 되는 것이다.

유식삼성(唯識三性)
변계소집성(遍計所集性)은 식(識)의 실성(實性)인 의타기성(유식성)

을 알지 못하는 무명(無明)으로 인해 발생한다.

말나식은 의식적으로 생각하거나 배우기 전에 선천적(先天的)으로 타고난 것으로, 아(我)와 법(法)이 실재가 아니라 바로 심층에 있는 아뢰야식의 발현(發現)일 뿐이라는 것을 모르고, 거짓 자아와 대상에 분별(分別) 집착(執着)을 일으키는 것이다.

저녁 무렵 길 위에 놓여 있는 짚으로 꼰 새끼줄 한 토막을 뱀으로 착각(錯覺)하는데, 중생이 무지(無智)해서 갖가지 대상에 집착하므로 생기는 것이다.

깨달은 사람(覺者)의 지혜는 사물을 있는 그대로 직관(直觀)하지만 범부의 식(識)은 주객 대립의 인식상황 속에서 선입견으로 착각(錯覺)하여 본다.

그래서 중생의 삶은 이 변계소집성의 무명 속에서 이루어지고 있으며, 평생을 거짓 나(我)로 살며 다시 육도의 고해(苦海) 바다로 흘러들어 가는 것이다.

의타기성(依他起性)은 우리가 착각하는 그 새끼줄은 다른 것과 서로 연기(緣起)에 의한 상입(相入), 상즉(相卽)의 관계이다.

상입(相入)이란 사물이 서로 융합하는 것이고, 상즉(相卽)은 겉으로 보기에는 별개의 사물 같지만 그 본체는 하나라는 것이다.

즉 종이는 펄프에서, 펄프는 나무에서, 나무는 흙과 물과 공기와 태양등 수많은 요소(要素)의 인(因)과 연(緣)으로 또 사람들의 손과 기계를 거쳐 만들어진다.

곧 상즉, 상입하고 있다. 그러므로 너와 내가, 들꽃이 둘이 아닌 곧 우주(宇宙) 그 자체인 것이다.

원성실성(圓成實性)은 위 두 가지를 멀리 떠난 성품(性品)이며, 모든 현상의 궁극적인 이치(理致)이고 또 진여(眞如)이다.

불변(不變)하고 분별(分別)이 끊긴 상태이기 때문에 이공(二空)에서 나타나는 원만한 성취가 모든 법의 참다운 성품이므로 원성실성이라 하며, 이 두 가지 공(空)을 통해 드러나는 진여(眞如)를 그 자성(自性)으로 삼는다.

그 깨달음을 성취하여 금생(今生)에 생사해탈을 이루는 유일한 길(道)이 일체처(一切處) 일체시(一切時)에 생활 속에서 "이뭣고"를 놓치지 않는 것이다.

중도실상(中道實相)

오매일여(悟寐一如)란 일념불생(一念不生)하고 전후재단(前後裁斷)한 무심(無心)의 경지가 장벽(障壁)과 같다는 뜻이다.

즉 한생각도 나지 않고 과거와 미래가 끊어져서 번뇌가 순식간에 쉬고 혼침과 산란을 끊어 없애 종일토록 분별(分別)이 없으니 마치 진흙으로 만들거나 나무로 조각한 사람과 같은 까닭에 장벽과 다름이 없다고 하는 것이며, 이러한 경계가 나타나면 집에 이르는 소식(깨침)이 멀지 않다는 것이다.

우리가 "이뭣고"로 한생각도 나지 않는 무심지(無心地)에 들면 밖으로의 모든 반연(攀緣)이 순식간에 쉬게 되고, 또 혼침과 산란을 끊어 없애게 되는데 이것이 안으로 마음이 헐떡이지 않고 밖으로는 경계에 끄달리지 않는 것이 외식제연(外息諸緣) 내심무천(內心無

喘)이다.

결국 도(道)를 성취하려면 쌍차(雙遮)가 된데서, 즉 크게 죽은데서 다시 살아나 쌍조(雙照)가 되어야 한다. 죽어가지고 살아나지 못하면 이것은 산송장이다.

크게 죽어서 다시 살아나는 것이 선문禪門의 생명선(生命線)이며, 그것이 "이뭣고"이다.

식음(識陰)(제8아뢰야식)이 없어지면 오매일여(悟寐一如)의 크게 죽은 데서 다시 크게 살아나는데, 안과 밖이 철저하게 밝게 되는 것이니 진여본성을 깨친 성불(成佛)의 경계이다.

"공허함이 지극하여 광명이 있다"함은 일체가 공한 크게 죽은 경계인 쌍차(雙遮)를 말하고, "청정함이 원융(圓融)하여 빛난다." 함은 크게 살아난 경계인 쌍조(雙照)를 말한다.

"일체 만법(萬法)이 다 없어진 때"란 쌍차를 말하고 "밝고 밝게 항상 있다"는 것은 쌍조를 말하며 전체적으로 크게 죽은 가운데 크게 살아남을 말한다.

그러므로 쌍차가 쌍조이며 쌍조(雙照)가 쌍차(雙遮)여서 차조동시(遮照同時)이니 이것이 중도실상(中道實相)이다.

『능엄경』에 부처님께서

"식음(識陰)(제8아뢰야식)이 만일 다하면 너의 모든 근(根)이 현전(現前)에 서로 작용할 것이며, 서로 작용하는 가운데로부터 보살의 금강건혜(金剛乾慧)에 들어가서 원명(圓明)한 정심(精心)이 그 속에서 변화되어 마치 깨끗한 유리병 속에 보배 달(月)을 넣은 듯 하며, 이렇게 십신(十信), 십주(十住), 십행(十行), 십회향(十回向), 사가행심(四加行心)을 초월하여 보살소행(菩薩所行)인 금강십지(金剛十地)와 등각(等覺)이 원명(圓明)하고 입어여래(入於如來)의 묘장엄해(妙莊嚴海)하고 원만보리(圓滿菩提)하야 귀무소득(歸無所得)하리라.

만약에 식음(識陰)이 다 떨어지면 둥글고 밝은 청정한 묘심이 그 가운데서 피어나니 십지(十地)와 등각을 뛰어넘어 묘각(妙覺)인 여래의 묘장엄(妙莊嚴) 바다에 들어가서 보리를 원만히 성취하여 무소득(無所得)으로 돌아간다." 하셨다.

행역선좌역선(行亦禪座亦禪) 어묵동정체안연(語默動靜體安然)이라,

다녀도 "이뭣고"이고 앉아도 "이뭣고"이니, 말하거나 움직이거나 고요하거나 언제든지 선정(禪定)과 지혜(智慧)가 둥글고 맑아 본체가 편안하다는 것이다.

선(禪)이란 일체망상을 떠나서 오매일여(惡寐一如)한데서 "이뭣고"로 확실히 깨쳐 대원경지가 현발(現發)해야 한다.

그전에는 전체가 망상(妄想)인 줄 알아야 하고, 제8아뢰야 무기식(無記識)까지도 벗어난

그때가 선(禪)인데, 생활 속에서 제가불자들의 유일한 수행법이 간화선 "이뭣고"이다.

손법재멸공덕(損法財滅功德)은 막불유기심의식(莫不由斯心意識)이라,

법(法)의 재물을 손해내고 공덕을 없애는 병(病)은 심, 의, 식에 있다는 말이다.

마음(心)은 제8 아뢰야식, 의(意)는 제7 말라식, 식(識)은 제6식을 말하는데 통8식(通八識) 전체를 말한다.

우리가 망상(妄想)을 버리라는 것은, 캄캄한 먹구름인 제8아뢰야식을 완전히 소멸시켜야만 공덕(功德)이 성취되는 것이고, 자성을 바로 깨친 것이며 중도를 성취(成就)하는 것이다.

선종(禪宗)에서는 근본무명(根本無明)인 심의식(心意識)을 금강보검인 "이뭣고"로 근본(根本) 업장(業障)의 뿌리를 뽑기 전에는 절대로 깨친 것이라 할 수 없다는 것이다.

연기
(緣起)

12연기(緣起)

　무명(無明)인 내 한 생각이 내 자신의 습관(習慣)을 익혀놓고, 그 것을 길들여서 중독(中毒)이 되고 업(業)이 되어 제8아뢰야식에 저장이 되면 그 업(業)이 세세생생 육도의 세계로 나를 끌고 다니게 된다.

　즉 자기가 생각의 덫을 놓고 그 속에 갇혀 빠져 나오지 못하는 것이 중생의 허물이며 기약 없는 윤회인데, 연기(緣起)의 씨앗인 그 한 생각을 "이뭣고"로 지워 버리면 그 자리가 바로 그렇게 그리던 생사(生死)가 없는 내 고향인 것이다.

　무명(無明)은 연기(緣起) 무아(無我) 공(空) 중도(中道)의 진리(眞理)를 망각(妄覺)함으로서 일어나는 한 생각이고, 행(行)은 이로 무명으로 인(因)한 모든 선악행위(善惡行爲)가 행(行)이며, 식(識)은 무명과

행으로 인한 제7말라식인 분별의식인데, 거짓 나(假我)이기 때문에 존재(存在)는 없는데 행(行)의 과(果)만 쌓여 제8아뢰야식에 저장되고, 12연기의 명색(名色)으로 이어져 노(老) 사(死)가 다시 무명영식(無明靈識)이 되어 계속 생사윤회의 주체가 되는 것이다.

모든 번뇌(煩惱)는 무명(無明)을 그 근본(根本)으로 하는 것이니, 예로 눈이 형색(形色)을 볼 때 애착(愛着)의 마음을 일으키는 것이 곧 무명(無明)이다.

불법(佛法)은 우리가 알고 있는 모든 것들이 전부 생각이고 관념(觀念)일뿐 즉 식(識)일 뿐이라는 것을 깨닫는 것이다.

제8아뢰야식의 근본(根本)은 업(業)이 밭이 되고, 식(識)은 종자(種子), 무명(無明)에서 오는 집착(執着)은 물이 되어 키워 가며 생사(生死)가 되어 윤회를 거듭하게 되는데, 애착(愛着)과 집착(執着)에서 해탈하면 무여열반(無餘涅槃)이고 자유자재권을 이루게 되고 노사(老死)의 원인이 되는 무명(無名)인 그 한 생각의 뿌리를 알아차리고 "이뭣고"로 잘라 전생(前生)으로 번지지 않게 하는 것이 생사고해의 바다에서 벗어날 수 있는 참된 수행이 되는 것이다.

한 생각

여실지견(如實知見)을 불지견(佛智見)이라고도 한다. 오온(伍蘊)에 대하여 있는 그대로 알고 보는 지혜가 생겨나서 오온이 청정해졌을 때 다시는 윤회하지 않음을 생활 속에서 "이뭣고" 수행으로 깨닫고, 더 이상 번뇌(煩惱)가 일어나지 않는 단계를 말하며, 사물의 이치(理致)를 빨리 깨달을 수 있는 능력을 함께 이르는 말이다.

우리의 몸은 무시무종(無始無終), 상주불멸(常住不滅)한 마음 위에 이루어진 하나의 형상(形象)이다.

마치 풀 위에 맺혀있는 이슬 같이 아침에 긴 안개와 같은 것이다.

또한 산골짜기에서 메아리가 울리지만 메아리 소리가 고정된 실체가 없듯이 우리의 몸과 마음도 그와 같은 허망(虛妄)한 것이다.

인류의 역사 속에 이어지는 수많은 전쟁과 혼란의 역사의 시초는 무명(無明)의 한 생각에서 시작되어 진 것이며, 모든 중생의 생사 윤회도 끝없이 이어지고 있는 것이며, 사회적인 지위, 권력, 명예, 등도 역시 허상(虛像)에 불과한 유한(有限)한 것이다

이 때문에 우리가 본래불(本來佛)이라는 진실을 멀리 하고 "내가 누구인가?" 하는 근본적인 문제를 뒤로하고 전도(顚倒)되어 착각(錯覺)속에서 꿈속에서 살고 있는 것이다.

불성(佛性)이란 내 생명(生命)과 우주 만물 만생의 본성(本性)이다. 그러니 전체가 다 너와 내가 사물과 둘이 아닌 한 생명 인데, 너와 내가 둘이 되어 시시분별(是是分別)속에 다툼이 있고 겉으로는 사랑을 외치면서 세계적으로 전쟁이 끝임 없이 이어지고 있는 것이다.

우주의 도리(道理)란 자비(慈悲) 지혜(知慧) 행복(幸福)의 능력을 스스로 갖추고 있는 진실한 생명(生命)으로 인간뿐 아니라 일체 만물 만상이 다 갖추어져 있는 것이며, 자기만이 최고라는 아만심(我慢心)에서 벗어나야 일체가 평등한 자유(自由)를 누릴 수 있는 것이다.

또한 사물의 모습이나 현상의 본질(本質)을 제대로 보지 못하고 자기 나름대로 자기 이익(利益)에 맞추어 이해하고 판단하여 생겨난 잘못된 이념(理念)은 결과적으로 나와 남을 파괴와 혼돈(混沌)으로 피해를 입히는 죄업(罪業)으로 나타나기 마련이다.

자살 폭탄테러를 자행하고 있는 IS전사들은 자신들의 행동이 신(神)의 뜻에 따른 것이고, 자신의 죽음을 순교(殉教)라 믿고, 무고한

사람들을 희생시키고 있다. 이러한 맹신에 따른 행위가 나중에 왜곡된 사리(事理)와 어리석은 짓으로 밝혀진 사례는 지금까지도 수없이 이어지고 있다.

악마(惡魔)로부터 사회를 지키겠다는 자신만의 믿음으로 행해진 중세의 마녀사냥이나, 유대인을 악(惡)의 근원으로 믿었던 히틀러의 홀로코스트, 낡은 사상과 문화를 척결하겠다고 수많은 희생과 파괴를 낳은 중국의 문화 대혁명 때 홍위병의 만행, 360년이나 이어진 십자군전쟁 등은 모두 무명(無明)의 한 생각으로 시작된 사상(思想)으로 인하여 인류에게 끼친 악업(惡業)의 사례이다.

조선시대의 사색당파의 결과가 임진왜란과 일제의 침략으로 36년간 치욕의 식민지 생활을 거쳐 6.25전쟁으로 이어져 현재에 이르고 있다.

사람들은 누구나 한 생각인 자기중심적인 사고를 갖게 마련이며 나를 중심으로 한 아집과 아상에 사로잡혀 내가 보고 싶은 것만 보고 내가 듣고 싶은 것만 듣는 습성(習性)을 갖게 되기 마련이며, 자기의 잘못된 식견(識見)을 끝가지 옳다고 주장하며 정반합(正反合)의 도리를 망각(忘却)하고 남의 의견을 받아들이지 않기 때문에 서로의 갈등(葛藤)을 겪게 되는 것이다.

내 욕심과 아집(我執)을 내려놓고 상대의 입장에 서서 바라보는 여실지견(如實知見)이야 말로 사회와 국가 간에 빚어지는 크고 작은 갈등에서 야기되는 수많은 인명 피해가 뒤따르는 전쟁(戰爭)을 피

함은 물론 진정한 인류의 행복이 찾아오게 될 것이며, 모든 오해의 근본인 최초의 한 생각의 뿌리를 생활 속에서 "이뭣고"로 다스리는 수행이 절실한 시대가 온 것이다.

진여(眞如)는 생각의 바탕이요, 생각은 진여(眞如)의 쓰임이다.

앞생각이 미(迷)하면 범부(凡夫)였으나 뒷생각에 깨치면 곧 부처이고, 앞생각이 경계에 집착(執着)하면 번뇌이지만, 뒷생각이 경계(境界)를 여의면 곧 보리이다.

우리가 살아가는데 있어, 어떤 극한 상황에 처해 있을 때 분노를 억제할 수 없는 것은, 분(忿)이 치밀어 사람을 때린다 할 때 정작 때려야 할 대상은 자신의 분심(忿心)이지 상대방이 아닌데, 내가 만들어 낸 의식의 관념은 때릴 수도 없고 죽일 수도 없는 것이다.

인식의 주관과 객관인 능소(能所)가 공(空)이 안 된 우리 중생들은 의식작용을 하는 나 자신이 아니라, 의식되어진 내용에 대하여 집착하면서 실재한다고 믿고 개체화(個體化) 시키지 못하고 그것을 자기 소유로 만들려고 하는 데서 온갖 고뇌와 망상이 생기게 되는 것이다.

모든 생각들의 근원(根源)은 육체의 감각기관 한계 내에서 받아들인 외부의 인식(認識)과 그동안 주입된 지식과 전생에 제8아뢰야식(藏識)에 축적시킨 업보(業報)의 반응(反應)이며, 느끼는 감정들도 자신이 갖는 기준점과 인식해서 받아들이고 나름대로 길들여진 평가(平價)에 의해서 만들어내는 것이다.

욕심(慾心) 때문에 어느 한쪽에 치우쳤던 것을 반성하고 거짓 나(假我)(ego)를 내려 놨을 때 참 나로부터 지혜(智慧)가 나와 활동(活動) 하게 되는데서 기적(奇積)이 일어나는 것이다. 사람마다 나름대로 과거 상대에게 주었던 마음의 상처나 받았던 아픔을 "이뭣고"로 지우지 못하고 원한(怨恨)이라는 이름으로 마음속에서 키워온 보이지 않는 큰 덩어리들을 평생(平生) 짊어지고 다니느라 심신(心身)이 고달파 업(業)이라는 이름으로 영겁(永劫)에 이어지는 것이다.

세상사 시비(是非)의 원인을 자세히 살펴보면, 남의 마음이 내 마음이 아닌데, 남의 마음을 내 마음 쓰듯 하려 하는데서 시비가 일어난다. 현자(賢者)는 내 마음을 남의 마음에 맞추어 쓰는데, 이것은 어린아이를 만나면 어린아이와 하나가 되고, 노인을 만나면 노인과 하나가 되면 자연히 화합(和合)이 되는 것이다.

옛날 부처님과 동자(童子)가 같이 길을 걸어가는데, 부처님께서 동자에게 "동자야, 너의 신발이 크겠느냐? 나의 신발이 크겠느냐?" 하고 물으셨다.

보통 어린아이 생각으로는 당연히 "제 신발보다 부처님 신발이 크지요."라고 답하였겠지만, 동자는 "부처님 신발과 제 신발이 같습니다." 라고 답하였다.

그래서 부처님께서 왜 같다고 하느냐 하시며 그 이유를 물어 보시니, 동자는 "제가 부처님께 가서 부처님과 하나가 되면 부처님 신발이 제 신발이 되고, 부처님께서 저에게 오셔서 저와 하나가 되면 제 신발이 부처님 신발이 되니 부처님 신발과 제 신발이 같습니다." 하니 부처님께서 "장하도다. 동자여!" 하셨다.

이렇듯 한 생각만 바꾸면, 일체(一切)가 나 아님이 없는 도리(道理)이니 여기에 무슨 분별(分別)이 따르겠는가?

인도의 성자(聖者) 마하리쉬는 생각이 있건 없건 항상 진아(眞我) 그대로인 삼매(三昧)를 비상비비상처정(非想非非想處定)이라 하였다.

우리가 생활 속에서 "나는 누구인가?"라는 의심을 계속하다보면 다른 생각들은 스스로 타버리는 불소시게처럼 사라진다고 말하고 있다.

모든 번뇌와 망상은 한 생각으로 인한 감정으로 일어나는데, 그 한 생각을 알아차리고 "이뭣고"로 내려놓음으로서 동시에 내안의 참 지혜를 쓰게 되는 것이다.

야부선사(冶父禪師) **송**(頌)

산당정야좌무언(山堂靜夜坐無言) 적적요요본자연(寂寂寥寥本自然)
하사서풍동림야(何事西風動林野) 일성한안여장천(一聲寒雁 戾長天)

"고요한 밤 산사에 홀로 앉아 있으니 적막함이 자연 본래 모습 그대로 진여(眞如)의 마음인데, 어찌하여 서풍(西風)(한 생각)은 잠든 숲을 흔들어 놓고 차가운 밤 외기러기 만리장천을 울며 떠돌게 하는고?"

연기법(緣起法)과 "이뭣고"

중생이 회론(回論) 즉 이렇다 저렇다 하여 사량하고 분별하는 그러한 분별적 사유에서 인식된 것은, 참다운 실상(實相)이 아니라 인식주관 속에서 조작되고 구성된 허망한 상, 즉 허상(虛相)에 지나지 않는다는 것이 연기설(緣起說)이다.

모든 존재(存在)는 전적으로 상대적(相對的)이고 상호의존적(相互依存的)인 연기법(緣起法)에 의하여 생멸(生滅)을 거듭하는 것이다.

제법무아(諸法無我)란, 인식주관(認識主觀)의 연기 작용(緣起作用)에 의하여 형성되어 드러나는데 인식현상은 허망(虛妄)한 분별심(分別心)에 의하여 생긴 것이기 때문에 자성(自性)이 없다고 하는 것을 말하며, 만유(萬有)의 모든 법은 인연(因緣)으로 생긴 것으로 자아(自我)인 실체(實體)가 없다는 것이다.

제행무상(諸行無常)이란, 모든 분별적(分別的) 사유(思惟) 때문에 생기는 인식현상은 곧 인식주관 내에서 회론(回論)되어 일어난다. 그 회론을 일으키는 의식작용(意識作用)이 바로 행(行)이다.

모든 분별적 사유 때문에 생기는 인식현상에 자성(自性)이 없다는 것은 이 행(行)의 작용이

항상 하지 않기 때문이다. 온갖 물심(物心)의 현상은 모두 생멸변화(生滅變化)하는 것이지만, 중생들은 이것을 불변(不變), 상존(常存)하는 것으로 착각(錯覺)함으로 이 그릇된 견해(見解)를 바로 잡아주기 위하여 강조하는 것이다.

또한 인식주관(認識主觀)이 공(空)하다 함은, 번뇌장을 멸(滅)하여 얻는 것을 말하며, 이것을 아공(我空)이라 하고, 인식현상(認識現象)이 공하다 함은, 소지장(所地藏)을 멸하여 얻는 것을 말하며, 이것을 법공(法空)이라 하며, 열반적정(涅槃寂靜)은 생사윤회(生死輪廻)의 고통(苦痛)에서 벗어난 경지이다.

차유고피유(此有故彼有) 차무고피무(此無故披無)
차생고피생(此生故皮生) 차멸고피멸(此滅故彼滅)이라,

모든 존재(存在)는 이것이 있으면 저것이 있고, 이것이 생하면 저것이 생하고, 이것이 멸하면 저것이 멸하니, 존재하는 모든 것은 상관관계 속에서 생(生)하고 멸(滅)하는 것이니, 둘이지만 서로가 하나라는 것이다.

이 원리(原理)를 연기법이라 하고, 이는 인연생기(因緣生起)의 약자로 직접적인 원인인 인(因)과 간접적인 원인(조건)인 연(緣)에 의지해서 만상은 생겨난다는 것이다.

연기법을 인과법(因果法) 또는 인연법(因緣法)이라고도 한다.

그래서 모든 존재는 서로 상호의존성(관계성)으로 고정불변의 자성(自性)이 없으므로 연기공(緣起空)이며, 무상(無常)과 연기(緣起)를 보면 공(法)을 보고 여래(如來)를 본다고 하며, 대승불교의 공사상(空思想)에서는 중도(中道)라고 한다.

그래서 부처님께서 "나는 위없는 깨달음인 중도(中道)를 무상정등각(無上正等覺)을 이루었다고 하신 것이다.

부처님께서는 공(空)을 바람에 비유하시며, "바람은 모양으로 볼 수도 없고, 붙잡을 수도 없지만 그렇다고 아무 것도 없는 것이 아니다. 공(空)이란 이와 같아서 진공묘유(眞空妙有)"라 하신 것이다

우리가 윤회(輪廻)하는 것은 우리의 의식(意識)이 무상(無常)한 것인 줄 모르고 이것이 욕탐(欲貪)을 일으켜 인식(認識)의 대상으로 존재화(存在化)시키기 때문이다.

정견(正見)이란 연기법이 진리(眞理)임을 아는 것이며, 이는 선정(禪定)인 "이뭣고"를 통해서 깨달음을 얻을 수가 있는 것이다.

부처님께서 세간의 구조적 실상(實相)을 체계적(體系的)으로 설(說)하신 것이 십이연기의

유전문(流轉門)이며, 이를 토대(土臺)로 세간(世間)에서 벗어나는 길

을 제시(提示)한 것이, 죽음이 없는 땅에 이르는 환멸문(還滅門)이다.

중생들이 오온(伍蘊) 가운데 희락(喜樂)과 갈애(渴愛)의 대상이 되는 것을 욕탐(欲貪)으로 취착(取着)하여 자아(自我)로 삼고 있는 것이 인간으로서 존재이니, 곧 오취온(伍趣蘊)이다.

자아(自我)는 법계에서 보고, 느끼고, 사유(思惟)하고, 행하고, 인식하는 가운데 연기한 법(法)을 착각하여 개념(槪念)으로 대상화(對象化)한 것이며, 우리가 자아(自我)라고 생각하고 있는 존재는 사실상 존재가 아니라 법계에서 연기하고 있는 행위(行爲)인 것이다.

또한 유위법(有爲法)도 실상(實相)을 여실하게 이해하지 못한 중생들이 욕탐(慾貪)으로 존재화(存在化)시킨 것으로 무위법(無爲法)인 진리(眞理)는 인식의 대상(對象)이 아니라, 실천(實踐)해야 할 최고의 가치(價値)인 것이다.

그리고 연기(緣起)와 성기(性起)가 화엄의 중심사상인데, 즉 존재(存在)와 현상(現相)이 서로 끊임없이 연관되어 있다는 법계연기(法界緣起)와 있는 그대로가 바로 불성(佛性)이 들어남이라는 성기설(性起說)이다.

성기(性起)란 불(佛)의 본질(本質)이 현실에 현현(顯顯)한다는 뜻이다. 우리 불자들이 생활 속에서 반야지혜광명을 밝혀 실행할 수 있는 유일한 방법이 시심마(是甚麽) "이뭤고"이다.

연생연멸(緣生緣滅) "이뭣고"

삼라만상에 일어나는 모든 현상은 거짓인 가(假)이며 색(色)이다. 그것은 모든 현상은 인연(因緣)에 따라 연생연멸(緣生緣滅)하는 것으로 공(空)에서 이루어지고 만유만사가 공(空)에서 연기하며, 영원불변의 실체성이 없는 것이다. 그래서 거짓인 것이고 인연이 다하면 흩어지기 때문에 공(空)이다.

비록 실체가 없는 거짓(假)이지만 그 속에 공(空)이 있음을 보고 공(空)에서 거짓(假)을 보면서 자유자재로 쓰는 것을 중(中)이라 한다. 예로 술이 발효되어 식초가 되었지만 그 바탕은 술이다. 그러나 식초에 술은 보이지 않지만 그 거짓(假)속에서 공(空)을 보는 것이다. 이것이 중도(中道)이며 연기법(緣起法)이다.

우리가 생각하고 알고 설명할 수 있는 모든 것들은 마음이 만들

어 낸 환영(幻影)일 뿐이고,

영혼(靈魂)이나 신(神), 윤회(輪廻)도 마음이 만들어 낸 관념(觀念)
일 뿐이다.

나(我) 라는 것도 진짜 나(我)가 아니라 아상(我相) 아집(我執) 아
만(我慢)이라는 허망한 그림자를 진짜 나 인줄 착각(錯覺)하고 있을
뿐이다.

생사(生死) 또한 하나의 환상(幻想)이다. 진실(眞實)은 불생불멸(不
生不滅)이다.

일체유심조(一切唯心造)도 일체가 심식(心識)에 의지해서 빚어낸
'허망한 업(業)의 그림자'일 뿐이다.

참된 수행이란 이 허망한 한 생각이 떠오를 때 즉시 알아차리고
"이뭣고'"로 그 뿌리를 잘라 버림으로서 다겁생래에 걸쳐 쌓아 제8
아뢰야식에 저장된 아타나란 미세망념의 인습(因習)을 현생(現生)에
재현(再現)시키는 것을 차단(遮斷)함과 동시에 자동적으로 업장소멸
(業障消滅)을 시키며 생활 속에서 반야지혜를 굴려 쓰는 것이 "이뭣
고"이다. 그렇지 않으면 우리는 자기가 지은 업(業)에 따라 전생(前
生)을 되풀이해서 살고 있는 것이며 육도윤회의 굴레를 벗어날 수
없게 되는 것이다.

참 성품(性品)은 허공(虛空)과 같아서 거기엔 생사(生死)가 없으며
동정(動靜)간에 티끌만한 한 법(法)도 붙을 수가 없는 것이 우리의
본고향이다.

중생(衆生)의 생사문제(生死問題)는 중생의 미망(迷妄)일뿐 생사(生死)의 주체인 오온(伍蘊)이 연기(緣起) 성공(性空)임을 증득(證得)하게 되면 생사(生死)의 유위법(有爲法)에 머물러 있으면서도 그 동정(動靜)에 집착(執着)하지 않게 되고 벗어나게 되는 것이다.

　　인연(因緣)따라 생멸(生滅) 변화하는 일체의 사물은 허망(虛妄)한 인연(因緣)이 화합(化合)해서 마치 몽(夢), 환(幻)처럼 이루어지는 것으로 이 모두가 실체성(實體性)이 없는 것인데, 중생들은 눈앞의 온갖 현상(現象)을 실유(實有)로 오인(誤認)하여 분별(分別)하고 집착(執着)함으로서 이 세간의 모습(世間相)이 '있음'이 된 것이다.

　　인연(因緣) 따라 생겨나는 모든 법은 '본래 자체의 성품(性品)'이 없기 때문에 인연(因緣)에 의지(依支)해서만 존재(存在)하게 되는 것이다. 이것이 연기(緣起)의 이치(理致)이다. 마치 그림자가 물체에 의지해서 생겨나고, 메아리가 소리라는 파동(波動) 에너지에 의지해서 생겨나는 것과 같다.

　　또한 삼계(三界)안에서 일어나고 있는 모든 인생사(人生事)도 역시 환영(幻影)이며 물거품이고 그림자이며 꿈속의 일이다.

　　현상(現象)의 제법(諸法)은 일심(一心)이 인연(因緣)을 따라 발생(發生) 하였을 뿐 마음 자체가 발생한 것은 아니다.

　　인연(因緣)으로 발생한 만법(萬法)은 본래(本來) 무생(無生)의 본무(本無)이기 때문에 만법(萬法)이 소멸(消滅)한다 해도 인연(因緣)이 사라졌을 뿐 마음 자체가 사라진 것은 아니다.

본무일심(本無一心)은 인연(因緣)의 화합(化合)을 따라 제법(諸法)으로 나오지도 않았고 인연(因緣)의 분리(分離)를 따라 사라지지도 않는다.

연생연멸(緣生緣滅)이라, 나도 남이 없고 멸해도 멸함이 없는 것이 연기성(緣起性)이다.

간화선 "이뭣고"는 이 연기성(緣起性)을 깨닫고 공적영지(空寂靈智)한 본래 성품자리를 증득(證得)하는 것이다.

비유해서 땅은 생(生)이 없는데 콩(豆)의 종자(種子)를 심으면 콩이 나오지만 땅에 의(依)해서 나기 때문에 이 생(生)은 우리가 육식으로 밖으로 보면 형상(形象)이 있는데, 연기성(緣起性)이기 때문에 무생(無生)이며, 이 무생이 화중생연(花中生蓮)이며, 불 가운데 연꽃이란 불덩어리가 자성청정심(自性淸淨心)이며, 거북털이니 토끼 뿔이 공성(空性)이라는 것이다.

불이 빨간 화로에서 연꽃이 핀다는 것은 시간과 공간의 간격이 없는 동시(同時)인 시무애(時无涯)이고, 작금(昨今)이 바로 영산회상(靈山會上)이며 부처님과 나와 자타(自他)의 간격이 없는 처무애(處无涯)이며 금생에 우리가 이 몸(身)을 벗으면 가고 옴이 없이 이르는 도솔천 내원궁인 것이다.

서산대사 임종게

천계만사량(千計萬思量) 홍로일점설(紅爐一點雪)

니우수상행(泥牛水上行) 대지허공열(大地虛空裂)

"천 가지 꾀, 만 가지 생각과 헤아림이 즉 세속적인 대립(對立)과 갈등의 삶이 붉게 타고 있는 화로 위에 떨어지는 한 점의 눈송이와 같구나!"

진흙으로 만든 소가 물위로 걸어가니, 밝은 지혜의 문이 열리니 일체 선입견과 망상(妄想)이 소멸되어버린 경지에 이르니 대지와 허공이 하나 되어 시공(時空)을 초월한 막힘이 없고 걸림이 없는 자유자재한 진여실상(眞如實相)을 드러낸 경지이다.

칠언대구(七言對句)에

황앵상수일지화(黃鶯上樹一枝花) 백로하전천점설(白鷺下田千點雪)이라,

"노란 꾀꼬리가 나뭇가지에 앉으니 한 송이 꽃이요.

하얀 백로가 밭에 앉으니 천점의 눈송이더라." 하였다.

오온
(伍蘊)

오온본래공(五蘊本來空)

부처님께서 나의 본질(本質)을 색 수 상 행 식(色受想行識)의 오온
(伍蘊)으로 설명하신다.

중생들이 쓰는 마음이 오온(伍蘊)이다.

부처님이 오온을 설(說)하신 목적은 인간의 생명체는 매순간 변
화하는 오온(伍蘊)의 인(因)과 연기적(緣起的)인 작용일 뿐 나(我)라
는 상주불변한 독립적인 존재로서의 실체가 있는 것이 아닌 공성
(空性)을 드러내시기 위한 것이다.

인간뿐이 아니라 우주 전체의 현상계도 매 순간 성주괴공과 생
노 병 사가 있을 뿐이다.

중생은 오온을 자기 자신과 동일시하며 그 통속에 갇혀 있다는
사실을 망각(妄覺)하며 살고 있는 것이다.

오온 통 속에 갇혀 있는 의지 의욕 충동 등도 참 의지(意志)가 아니고, 전생에 자기가 제8아뢰야식에 저장해 놓은 정신과 육체적인 모든 질병(疾病)과 인습(因習)인 업식(業識)을 재연(再演)하기 때문에 개개인의 성격(性格)이 고정화(固定化)되고 병고(病苦)가 따르게 된다.

그래서 생활 속에서 "이뭣고" 수행으로 업장(業障)이 소멸되어 오온이 공(空)이 되어야 반야지혜를 쓸 수 있게 되고 생 노 병 사(生老病死)의 고(苦)에서 벗어나게 되는 것이다.

색온(色蘊)은 우리의 육신을 나의 것, 영원한 것, 늘 아름다워야 하는 것으로 착각(錯覺)하는 아상(我相)의 집착에서 오는 고통이니, 무아(無我)를 깨달으면 존재하지 않는다.

사대(四大)로 구성된 색(色)은 항상하지 않아 무상(無常)하기 때문에 괴로운 것이며, 괴로운 것은 내가 아닌 것이다.

수온(受蘊)은 인간의 정신작용 가운데 괴로움이나 즐거움 같은 느낌이나 감정을 말한다.

좋은 느낌이 지속적으로 이어지기를 바라고, 기분 나쁜 것은 화(禍)를 내게 된다.

그래서 좋은 느낌에 대한 갈망(渴望)이 지나치면 술, 마약, 도박 같은 중독으로 이어지게 된다.

상온(想蘊)은 마음속에서 어떤 것을 떠올리는 생각과 관념을 형성하는 작용(作用)이다.

상(想)은 사상, 이념과 같은 지식이나 이지적(理智的) 심리현상의 밑바탕이 된다.

행온(行蘊)은 심리현상을 포괄하며, 행위를 낳는 의지작용, 행동을 유발하고, 하고 싶은 의욕, 충동을 말하는데, 하고자 하는 의지나 욕구가 항상 충족 되는 것이 아니기 때문에 여기에 대한 집착이 강할수록 괴로움이 배가(倍加) 되는 것이다.

식온(識蘊)은 식별, 인식, 판단하는 작용을 말하며, 수 상 행온에 대한 인식이며, 마음의 작용 전반을 총괄하는 주체적인 마음의 활동을 말하며, 식(識)이 일어날 때에는 반듯이 수. 상, 행이 동시에 함께 일어나는데, 그 분별의식이 작용에 따라 '나(我)'에 대한 집착이 강하게 일어나서 본래 오온으로 구성된 나라는 존재는 실체가 없는 무아(無我)이며 텅 빈 공(空)일 뿐이지만, 이 식(識)에 의해 잘못 분별인식 됨에 따라 '있음'이 되어 착각을 일으키며 결국 괴로움(故)이 되는 것이니, 그 한 생각 뿌리를 "이뭣고"로 매순간 알아차리고 제거하는 것이 참 수행이 되는 것이다.

색(色)	무상(無常)하고 신속하다. 무상은 괴로움이고 괴로움은 내가 아니다.
수(受)	괴로움과 즐거움 등의 느낌
상(想)	생각과 관념(觀念)
행(行)	의지 의욕 충동
식(識)	식별하고 판단하는 의식(意識)

승조대사 송(頌)에

사대원무주(四大元無主) 오온본래공(伍蘊本來空)

장두임백인(將頭臨白刃) 유사참춘풍(猶似斬春風)

"사대로 이루어진 몸뚱이는 원래 주인이 없음이요, 오온(마음)은 본래 비어 있음이라,

단두대에 내민 내 머리를 흰 칼로 친다하여도 그것은 마치 봄바람을 베어 버리는 것과 같은 것이다." 하였다.

자성(自性)을 깨쳐 대도(大道)를 성취한 도인(道人)에게는 아무리 높은 벼슬이라도 세속의 오욕락에 물들지 않는 청정함 그 자체인 것이다.

진나라 왕 의희가 승조대사를 재상(宰相)에 위촉하려고 몇 번을 간청(懇請)하였으나, 거절하자 왕명(王命)을 거역한 대역죄로 참수형을 당하면서 남기신 본래공(本來空)의 소식이다.

조견오온개공(照見五蘊皆空) "이뭣고"

관자재보살(觀自在菩薩) 행심반야바라밀시(行深般若波羅密多時) 조견오온개공(照見伍蘊皆空) 도일체고액(度一切苦厄)

"관자재보살이 깊은 반야바라밀다를 행하실 때 오온이 모두 공함을 비춰보고 고액(苦厄)을 건넜다." 하였다.

부처님께서 반야부를 21년간 설(設)하셨는데, 중생을 생사고(生死苦)에서 벗어나게 하는 사성제(고집멸도)의 고(苦)를 멸할 수 있는 유일한 길(道)이며 진리(道)에 이르는 길을 핵심적으로 함축시키신 내용이 "조견오온개공 도일체고액"이다.

반야(般若)는 조견(照見)할 수 있는 지혜(智慧)인데, 오온(伍蘊)의 통속을 "이뭣고"로 비추어 우리의 몸과 현상계의 온갖 감정의 세계를 텅 빈 것으로 깨닫는 지혜가 관자재(觀自在)이며, 분별(分別)과 집착(執着)을 모두 내려놓는 방하착(防下着)이 행심(行心)인 것이다.

한산(寒山) 시(詩)에

한산정상월륜고(寒山頂上月輪孤) 조견청공일물무(照見晴空一物無)

가귀천연무가보(可貴天然無價寶) 매재오음익신구(埋在伍陰溺身區)

"한산의 꼭대기에 둥근 달이 외로이 밝았는데, 저 맑은 하늘에 달이 밝게 비추어서 한 물건도 없구나. 값으로 따질 수 없는 진귀(珍貴)한 천연의 보배가 색 수 상 행 식(色受想行識)의 오음(伍陰)속에 매장되어 있구나." 하였다.

"이뭣고"로 오온(伍蘊)을 비춰 보았을 때, 캄캄한 오온 통속에 매몰되어 있는 천연의 보배인 반야지혜(般若智慧)가 그 밝음을 드러내게 되며, 인간의 생성(生成)과 소멸(消滅)의 모든 과정 또한 텅 빈 공(空)이며, 무명(無明)과 고집멸도(苦集滅道) 또한 그렇다.

그런데 이와 반대로 내 몸을 중심으로 나(我)라는 아상(我相)과 나의 것이라는 허망한 집착(執着) 때문에 모든 불행, 고난(苦難)이 생기게 된 것이다.

오음성고(五陰盛苦)와 "이뭣고"

오온(伍蘊)이 어떻게 조건(條件)지어 일어나는가를 설명하는 것이 연기(緣起)이다.

즉 외부의 대상이 감각기관을 통해 들어올 때, 그 감각기관이 인지하는 대상이 색(色)이다. 그 대상을 식(識)이 인지(認知)하고, 그 대상을 수(受)가 느끼고, 상(想)이 지각 또는 인식하고, 그 대상에 대해 행(行)이 좋아하고 싫어하는 반응을 일으키는 것이다.

그래서 물질이 실체를 갖기 시작하면 갈애(渴愛)와 집착(執着)이 일어나고 번뇌(煩惱)가 생기게 된다.

그러나 그 한 생각을 바로 알아차리고 "이뭣고"로 뿌리를 잘라 버림으로서 그 대상을 마음이 붙잡고 의미를 부여하고 즐기지 않게 되면, 조건(條件), 연기(緣起)에 의해서 스스로 들어 왔다가 스스

로 사라지는 것이니, 이것이 업장소멸로 이어지는 것이며 내안의
반야지혜를 생활 속에서 굴려 쓰게 되는 것이다.

『능엄경』에

"육문(六門)을 연마(鍊磨)하여 식음(識陰)(제8아뢰야식)의 마(魔)를
소멸(消滅)하고 합하고 열림을 성취하면, 견(見)과 문(聞)이 한데로
통하여 이웃하고 서로 활용함이 청정하며, 시방세계와 몸과 마음이
내외가 훤히 밝아지리니, 이것은 식음(識陰)이 다함이라. 이 사람은
능히 명탁(命濁)을 초월함이다." 하였다.

이는 오온을 "이뭣고"로 비춰봄으로서 아공(我空)이 되고, 사물
의 실체(實體) 또한 공(空)해서 경계에 끄달림에서 벗어난 법공(法
空)이 되어야, 오온(伍蘊)이 공함을 깨달아 모든 업장이 소멸되어 금
생에 생사고(生死苦)에서 벗어나게 되는 것이다.

대사(大使) 황정연(黃庭堅)이 하루는 조심선사(祖心禪師)를 모시고
산행(山行)을 하였는데, 산 목련이 곱게 피어 있었다. 선사가 "산 목
련의 꽃향기를 듣는가?" 하니 "듣습니다."

이에 선사가 "나는 숨기는 것이 없노라." 하시니 그러자 즉시 절
을 올리며,

"화상께서 이렇게 노파심절(老婆心切) 하실 줄 몰랐습니다." 하니

"선사가 웃으면서 "공(公)이 집에 이르렀구나." 하시며, 인가(認
可) 하셨다.

위의 식음(識陰)이 소멸(消滅)되어 보는 견(見)과 듣는 문(聞)이 하

나로 통하여 귀로 향기를 듣는 경지에 이른 것이다.

『능엄경』 사구게에

색유동정(色有動靜) 견성부동(見性不動) 성유생멸(聲有生滅) 문성상재(聞聲常在)라

물질은 움직임과 머무름이 있지만 물질을 보는 성품은 부동하다. 마치 소리와 파도는 생(生)과 멸(滅)이 있지만 소리를 듣는 성품과 바닷물은 항상 하듯이.

평등무차별한 진여(眞如) 자리에는 원래 무명(번뇌)가 없지만 한 생각에 의해서 번뇌(煩惱)가 생겼는데, 무명(無明)을 없애기 위해서는 생멸하는 외부소리를 듣는 대상경계(對象境界)에 끄달리고 집착하는 마음에서 반문문자성(反聞聞自性)이라, 생각 이전의 듣는 자기 성품을 "이뭣고"로 반조(返照)(돌이켜) 자성(自性)의 청정한 소리를 듣는 것이 참된 수행이다.

듣는 소리나 보는 경계와 각종 스트레스는 생멸(生滅)하는 것으로 반드시 연(緣)이 있어 오고 감이 있지만 듣는 성품(性品)의 입장에서 보면 불생불멸이다.

어느 비오는 날에 노승이 시자(侍者)에게 물었다.
"밖에 뚝뚝 떨어지는 것이 무슨 소리냐?"
"빗소리 아닙니까?"

"하마터면 나도 빗소리로 들었겠다." 하였다.

포대화상께서도

아유일포대(我有一布袋) 허공무가애(虛空無罣碍)

전개편시방(展開徧宇宙) 입시관자재(入時觀自在)라,

"나에게 오온이 공(空)한 한포대가 있으니, 우주와 하나를 이루어 허공처럼 텅 비어 걸림이 없도다. 열어 펼치면 우주에 두루하고, 자유자재하여 들어오고 나감에 아무런 걸림이 없다." 하였다.

부처님께서 성도(成道)후 녹야원에서 다섯 비구에게 설하신 사성제(四聖諦)는 고제(苦諦) : 오온(伍蘊)으로 이루어진 거짓 나를 실체(實體)한다고 집착함으로써 생기는 고(苦)인데, 사고(四苦)인 생 노 병 사(生老病死)와 팔고(八苦)인 사랑하는 사람과 헤어져야 하는 애별리고(愛別離苦). 만나지 않아야 할 사람과 만나야 하는 원증회고(怨憎會苦). 무엇이든 구(求)해서 채우려고 하는 욕심의 산물인 구부득고(求不得古). 색. 수. 상. 행. 식의 오온이 일시적으로 모여 몸과 마음을 이룬 것인데, 오온개공(伍蘊皆空)의 이치(理致)를 깨치지 못하고 오온에 집착하여 온갖 고통에서 벗어나지 못하는 고(苦)의 핵심이 오음성고(伍陰盛)이다.

사성재의 생 노 병 사의 고(苦)와 집(集)의 원인인 번뇌(煩惱), 무명(無明)으로 인한 갈애(渴愛)도 오음성고(伍陰盛苦)에서 비롯된 것이다.

집제(集諦) : 대승불교에서는 '나' 또는 '나의 것'이 실재 존재한다는 무지(無知) 무명(無明)에서 비롯된 아집(我執) 또는 망집(妄執)을 고통의 원인으로 보며, 소승불교에서는 번뇌(煩惱)중에서 갈애(渴愛)와 집착(執着)을 핵심적인 고(苦)의 원인으로 본다.

멸제(滅諦) : 갈애(渴愛)가 완전히 없어진 상태이며, 애착, 번뇌의 속박에서 벗어났기 때문에 해탈(解脫)이라고 한다.

도제(道諦) : 멸제에 이르게 하는 수행방법으로 8정도와 육바라밀로 선정(禪定)이 반야행인데, 반야(般若)는 부처님께서 깨달으신 연기(緣起) 무아(無我) 공(空) 중도(中道)의 진리(眞理)를 밝게 깨쳐보는 지혜(智慧)를 말하고, 그 반대가 무명(無明)이다.

또한 진리(眞理)는 인식(認識)의 대상(對象)이 아니고 실천(實踐)해야 할 최고의 가치(價値)인 것이다.

그 실천 할 수 있는 여의보주(如意寶珠)가 "이뭣고"이며, 시심마(是甚麼)의 (是)속에는 진리(眞理)를 비춰보는 반야(般若)와 함께 하고 있기 때문에, 오온의 통속에서 나와 "이뭣고"로 비춰봄으로서 오온(伍蘊)이 본래 공함을 깨닫게 되고, 반야지혜를 생활 속에서 굴려 쓰게 되는 것이다.

진공(眞空)은 거울과 같아서 사물이 비춰지면 비칠 뿐 거기에 흔적이 남겨지지 않는다.

그러나 중생의 마음은 비춰지면 깨끗하게 사라지는 것이 아니라, 그림자가 남아 있기 때문에 꿈속에서 생사윤회를 하고 있는 것이다.

생사
(生死)

생명(生命)은 어디서 와서 어디로 가는 것인가?

일체 만법(萬法)이 본래 불생불멸이어서 시공(時空)을 초월하여 생명(生命)도 거래(去來)가 없는 것이다. 그러므로 화엄에서도 일체법무생(一切法不生), 일체법불멸(一切法不滅)이라 하였고, 『법화경』(法華經)에서도 제법종본래(諸法從本來) 상자적멸상(常自寂滅相) 적멸상은 생멸이 끊어진 법(法)의 실상(實相)인 불변상(不變相)을 말한다.

이는 우주(宇宙)의 근본원리(根本原理)이며 불타(佛陀)의 대각자체(大覺自體)이어서 일체불법이 불생불멸(不生不滅)의 기반(基盤) 위에 서 있는 것이다.

인간은 본래 일체를 초월하여 일체를 구족(具足)한 절대적 존재이니 다시 초월할 것이 아무것도 없다. 그러므로 불타(佛陀)가 출현한 것은 중생이 본래 부처임을 전하는 것뿐이요,

중생을 제불(諸佛)로 변성(變成)하려는 것이 아니다.

비유하면, 진금(眞金)을 어떤 사람이 착각하여 황토(黃土)로 오인하는 것과 같다.

진금을 아무리 오인하여 황토라 호칭하여 사용하여도 진금은 진금인 것이니, 진금을 다시 구할 것이 아니요 오인된 착각 즉 망견(妄見)만 버리면 진금(眞金) 그대로인 것이다.

참 성품(性品)은 허공(虛空)과 같아서 거기엔 생사(生死)가 없으며 동정(動靜)간에 티끌만한 한 법(法)도 붙을 수가 없는 것이 우리의 본고향이다.

중생(衆生)의 생사문제(生死問題)는 중생의 미망(迷妄)일뿐 생사(生死)의 주체인 오온(伍蘊)이 연기(緣起) 성공(性空)임을 증득(證得)하게 되면 생사(生死)의 유위법(有爲法)에 머물러 있으면서도 그 동정(動靜)에 집착(執着)하지 않게 되고, 벗어나게 되는 것이다.

우리들은 생멸(生滅)이 있다고 생각하는데, 왜 없다고 말하는가?

연(緣)으로 생긴 것은 생긴 것이 아니다. 또한 연(緣)으로 멸(滅)한 것도 스스로 멸할 수 없다. 연(緣)으로 멸하기 때문이다.

연(緣)으로 생긴 것은 인(因)에 의해서 생긴 것이지 스스로 생긴 것이 아니다. 우리가 보고 있는 생멸(生滅)이란 환(幻)이 생긴 것이고 멸한 것이니 멸(滅)한 것도 아니다.

범부(凡夫)는 개별적인 아(我)가 있으니 어리석어 이 도리(道里)를 모른다. 그러므로 죄(罪)는 연(緣)이 있어서 생긴 것이지 실체가 있는 것이 아니다. 생겼다 해도 개별적인 아(我)가 없다는 것을 깨친다면 누가 죄를 짓고 누가 죄(罪)를 받는가?

스스로 아(我)가 있다고 분별(分別)을 하여서 나는 나쁜 짓을 해서 죄를 받고, 좋은 일을 하지 않으면 안 된다고 생각한다.

본래 아무것도 없는 것을 제멋대로 이것 저것 분별(分別)하여서 있다고 생각하니 이것이 악업(惡業)되는 것이다.

인간은 지혜(知慧)와 생각(生覺)이 있는데, 생각은 항상 둘로 보게 되는 속성을 가지고 있다.

생각이 곧 너와 나로 보는 둘이다.

그래서 지혜로 보면, 본래 고요함과 원융(圓融)을 볼 수 있는 것이다.

진여(眞如)에서 보면 색(色)의 근본(根本)이 공(空)이고 공(空)이 화(化)해서 색(色)이 된 것이니 생(生)과 사(死)가 둘이 아니고 진성심심극미묘(眞性深深極微妙)이고 불수자성수연성(不守自性隨緣性) 이사명연무분별(理事冥然無分別)이다.

신라시대 사복(蛇福)이란 사람이 열두 살 먹도록 벙어리였는데, 그 마음은 선정(禪定)에 잠겨 있었다.

그런데 갑자기 어머니가 돌아가시니, 당시 위대한 성인(聖人)이신 원효대사께 가서 어머니 장사를 지내달라고 부탁하였다. 비록 어리고 벙어리지만 성인끼리는 통하는지라 원효대사가 같이 장사를 지내며, "낳지말라, 죽는 것이 고생이니라, 죽지말라, 낳는 것이 고생이니라." 라고 임종 법문을 하셨습니다.

이렇게 무생법문을 망자에게 하시니, 사복이가 듣고 있다가, 말문이 열리면서 스님 말씀이 너무 깁니다. "생사고(生死苦)라, 낳는거 죽는 것 모두 고(苦)이니라." 하였다.

물 한 모금도 주지마라

옛날 어느 시골에 외아들 하나 키우며 외롭게 살아가는 홀어머니 집에 우연히 어느 스님이 지나가다가 그 외아들을 보고 "저 아이를 절에 출가시켜 중(僧)을 시키지 않으면 큰 액운이 닥쳐 곧 죽게 된다고 한다." 하였다. 어머니는 그 말을 듣는 순간 기절하고 말았다.

그렇지만 사람의 인연이란 피할 수 없는 불가피한 것이어서 결국 그 스님과 함께 생이별을 하고 말았다.

그 뒤 자식을 보고 싶어 뼈에 사무치는 그리움 속에 어느덧 20년의 세월이 흘렀다.

들리는 소문에 아들이 아주 훌륭한 큰 스님이 되었다고 하여 깊은 산 속 절을 몇 날 며칠을 찾아가 어느 스님에게 부탁하여 그리던 아들을 만나러 왔노라고 전하게 하니, 산이 쩌렁쩌렁 울리는 큰소리로 "나는 그런 어머니를 둔 적이 없으니 밖으로 쫓아내라." 하는 소리가 분명히 자식의 목소리였다. 다시 한 번 부탁을 하였지만 더 큰 소리만 들려오니 가슴이 무너지는 아픔 속에 그래도 자식을 본다는 설렘으로 밥도 굶어가며 왔기에 목이 타서 그 스님에게 물이라도 한 모금 마시게 해달라고 하자, 더 큰소리로 "물 한 모금도 주지마라."하는 것이 아닌가.

인간으로서는 도저히 상상도 할 수 없는 비정(非情)한 아들로 변한 것이다.

그리하여 어머니는 이 세상에 단 하나 믿고 의지하며 살았던 아들에게 당한 신세를 한탄하며 이제 나에게 남은 것은 티끌만한 아무것도 없다는 허탈감 속에 "이 세상을 더 살아서 무엇하랴."하며 그 물 한모금도 마시지 않고 그 길로 정처없이 걸어가다가 어느 강가에서 굶어 죽고 말았다.

그렇게 해야만 하는 하나 밖에 없는 아들도 이제까지 수많은 고난 속에 살아오신 어머니에 대한 사모(思慕)의 정(情)이 왜 없었겠으며, 그렇게 그리던 어머니를 얼싸안고 그 동안 못 다한 수많은 정 나누며 오래오래 모시면서 효도하고 싶은 마음이 없었겠는가.

그러나 도(道)를 이룬 스님으로서는 차마 끊기 어려운 자식에 대한 애착(愛着)과 모든 집착(執着)에서 벗어나게 하여 생사(生死)가 없는 무생법인(無生法印)을 증득하게 하신 지극한 효심(孝心)을 보이며 마음속으로 진한 피눈물을 흘린 것이다.

이 스님이 황벽선사이시다.

『화엄경』에 일체무애인(一切无涯人) 일도출생사(一道出生死)라,

오온(伍蘊)에서 벗어난 인간의 최고의 경지로서 갈애(渴愛)와 집착(執着)과 망념(妄念)에서 벗어난 일체의 걸림이 없는 사람은 바로 생사고(生死苦)를 뛰어넘는 대도(大道)를 이루는 것이다.

향엄 선사 게송에

죽영소개진부동(竹影掃階塵不動) 월륜천소수무흔(月輪穿沼水無痕)이라, "바람에 흔들리는 대나무 그림자 돌계단을 쓸어내지만 먼지 하나 날지 않고, 달그림자 연못 깊숙이 파고들지만 전혀 상처를 남기지 않는다." 하였고

안과장공(雁過長空) 영침한수(影沈寒水)

안무유종의(雁無遺踪意) 수무취영심(水無沈影心)이라.

"기러기 하늘을 나니 그 그림자 차가운 강물 속에 잠긴다.

기러기 그림자 남길 뜻 전혀 없고, 강물 또한 기러기 그림자 잡아둘 생각 없네." 하였다.

일체 애착(愛着)과 집착(執着)에서 벗어난 이러한 대무심(大無心)의 경지에서 생사(生死) 해탈(解脫)의 열반(涅槃)에 드는 것이다.

대혜종고 송에

이인유밀불수지(利刃有蜜不須舐) 고독지가수막상(蠱毒之家水莫嘗)

부지불상구불범(不舐不嘗俱不犯) 단연의금자환향(端然衣錦自還鄉)이라. "비수 끝에 바른 꿀을 핥지 말고 비상 파는 집에 가서 물맛을 보

지 말라.

핥지 않고 맛보지 않아 모두 범하지 않으면 당연히 비단옷 입고 내 고향에 이르리." 하였다. 모든 탐욕과 어리석음에서 벗어나 비우고 또 비우면 그 자리가 바로 도솔천 내원궁 인 것이다.

화엄(華嚴)에서는 우리의 마음 그대로가 부처님 마음과 같다고 한다. 그리하여 불성(佛性)이 그대로 발현(發現)되는 불성현기(佛性現起)즉 성기설(性起說)을 주장한다.

그리고 연기(緣起)와 성기(性起)의 사상(思想)이 화엄교학의 중심 사상이다.

즉 존재(存在)와 현상(現象)이 서로 끊임없이 연관되어 있다는 법계연기(法界緣起)와 있는 그대로가 바로 불성(佛性)이 드러남이라는 성기설로 이해되고 있다.

성기(性起)란 불(佛)의 본질(本質)이 현실에 현현(顯顯)한다는 뜻이다.

결국 성기설이라는 것은 연기설의 인연(因緣)따라 생긴다고 하는 것을 넘어 성품(性品)만이 유일한 실제(實際)요, 이 성품(性品)을 바탕으로 생겨난 생사(生死)는 생겨난 것 같은데 실제(實際)로는 하나도 생겨나는 게 없다는 사실을 증명(證明)하는 것이다.

생사(生死)의 일이 크며 무상(無常)은 신속하다.

생사어시(生死於是) 시무생사(是無生死)라,

죽고 사는 것은 마음에서 나왔으니 시심마(是甚麼)의 시(是)에는 생사가 없는 것이다.

가고 옴이 없는 생사가 일여(一如)한 본성(本性)에 주(住)함이 여래(如來)의 참모습이며 망상(妄想)을 벗어난 우리의 본래 자성(自性) 자리이다.

그러나 육신은 나고 죽는 흐름 속에 잠시도 멈추지 않고 빛보다도 빠른 찰나생(刹那生) 찰나멸(刹那滅)인데, 100억조 이상의 세포로 구성되어 있는 육신은 하루에도 7천만 개 이상의 새로운 세포가 생기고 멸하며 우리 몸을 유지하고 있으며, 찰나에 900번 (찰나는 75분의 1초) (67500번)을 생멸하고 있는 것이다.

『신심명』에

한 생각 일으키면 전부 망상(妄想)이고, 일염불생(一念不生)이면 만법무구(萬法無垢)요

무구무법(無垢無法)이면 불생불심(不生不心)이라.

한 생각도 일으킨 바가 없으면 만법(萬法)에 허물이 없고, 마음이 오염에서 벗어나면 법(法)도 없고, 일으킨 바가 없으면 마음 또한 없는 것이며, 만법을 대하되 자기 욕심을 내지 않음이니 탐심(貪心)과 진심(嗔心)을 떠났다는 것이다.

좋다 싫다는 마음이 없고, 너도 나도 없고, 없다는 생각까지도 다 떨어지고 아상(我相)인 내가 죽어 없어져야 바로 생사해탈(生死解脫)인 것이다.

현각 선사가 육조 스님을 찾아가

"생사(生死)의 일이 크며, 무상(無常)은 신속합니다."

"어째서 무생(無生)을 체득(體得)하여 빠름이 없음을 요달(了達)하지 않는가?"

"체득(體得)한즉 생(生)이 없고, 요달(了達)한즉 본래 빠름이 없습니다." 하니,

육조스님이 "옳고도 옳도다." 하셨다.

어떻게 체득하고 요달 할 수 있겠는가?

일체처(一切處) 일체시(一切時)에 떠오르는 허망한 한 생각을 시

심마(是甚麽) "이뭣고"로 그 뿌리를 잘라 다음 생각으로 번지는 것을 공(空)으로 만드는 것뿐이다.

진여(眞如)의 성품(性品)은 허공(虛空)과 같아서 거기엔 생(生)도 없고 사(死)도 없으며 있음도 없음도 없고 동정(動靜)간에 티끌만한 한 법(法)도 붙을 수가 없는 시(是)인 우리의 본고향이다.

내가 본래불(本來佛)이라는 것을 믿어라 하는 것은 그 시(是)자리는 본래 생사(生死)가 없다는 것을 믿으라는 것이다.

생사(生死)는 꿈 속에 있는 것이지 꿈을 깬 진여실상(眞如實相)에는 없는 것이다.

그 꿈을 깨는 유일한 최신무기가 또한 "이뭣고"이다.

죽음이란 존재(存在)를 형성한 조건의 변화에 따라 화합(化合)되었다 흩어지는 것이니 본래 텅 빈 하늘에 뜬 구름이 스스로 나타났다가 사라지지만 푸른 하늘 그 자체의 여여한 참 성품은 나고 죽음을 따르지 않으며, 그 당처가 열반적정인 참나(眞我)이며, 나(我)라고 집착(執着)하는 육신이 조건 따라 잠시 일어난 뜬구름과 같음을 통찰(洞察)하여 여실히 볼 때, 즉 연기(緣起)의 이치(理致)를 "이뭣고"로 관(觀)하여 깨달았을 때 생사(生死)를 벗어난 열반(涅槃)인 것이다.

공수래공수거(空手來空手居) 시인생(是人生)

생종하처래 (生從何處來) 사향하처거(死向何處去)

생야일편부운기(生也一片浮雲起) 사야일편부운멸(死也一片浮雲滅)

부운자채본무실(浮體本實) 생삭래여연(生死去來亦如然)

독유일물상독로(獨有一物常獨露) 담연불수어생사(湛然不隨於生死)

환회득담연저 (還會得湛然這) 일물마(一物麼)!

"빈손으로 왔다가 빈손으로 가는 것이 인생이다.

태어남은 어디에서 왔으며 죽은 후에는 어디로 가는가?

태어남은 한조각 뜬구름이 일어나는 것이요, 죽음이란 그 뜬 구름이 사라지는 것안데, 뜬구름 자체는 실체가 없는 무상한 것이요, 오가는 생사 역시 이와 같은 것이나,

그중 한 물건이 있어 항상 홀로 드러나, 맑고 고요하여 생사(生死)를 따르지 않도다.

이 한 물건이 무엇인고?" "이뭣고"

입실게에

일종위배본심왕(一從違背本心王) 기입삼도역사생(機入三道歷四生)
금일척제번뇌렴(今日洗滌煩惱染) 수연의구자환향(隨緣依舊自還鄉)

한번 우리의 불성인 본심왕을 한 생각 무명(無明)으로 인해 등진 뒤로 얼마나 많은 생(生)을 사생육도를 벗어나지 못하고 다람쥐가 쳇바퀴 돌듯이 돌고 있는가?

금생에 그 번뇌 망상의 때를 "이뭣고"로 깨끗이 씻어내면, 생사가 없는 본래의 고향인 자성불(自性佛) 자리로 돌아오게 되어있는 것이다.

악생어심환자괴형(惡生於心還自壞形) 여철생구반식기신(如鐵生垢反食其身)이라,

"본래 청정한 마음에 악(惡)이 생겨 도리어 제 몸을 부수는 것이, 마치 쇠에서 녹이 생겨나 제 몸을 파고들어 먹고 있는 것과 같다." 하였고,

여사자신중충(如獅子身中蟲) 자식사자육(自食獅子肉)이라,

'광야의 무적(無敵) 사자도 싸워서 죽는 것이 아니라, 자신의 내

부에서 생긴 기생충에 의해서 자신의 몸을 조금씩 갉아 먹혀서 죽게 되는 것이다." 하였다.

이렇게 다겁생래로 번뇌(煩惱)의 먹구름이 우리의 반야지혜광명을 감싸놓고 내안의 자성불을 녹슬어 가게하고 있으니, 이것을 금생에 제거하는 것 보다 무엇이 더 시급한 일대사(一大事)이겠는가? 그래서 "이뭣고"인 것이다.

캄캄한 만년 동굴 안에 횃불을 밝히면 그 어둠은 순식간에 사라져 버리는 것이다.

어둠이 본래 있는 것이 아니다. 지혜의 광명을 밝히지 않은 곳에 어둠이 대신 하는 것이니, 생활 속에서 그 어둠을 밝혀 쓰는 횃불이 "이뭣고"이다.

『법화경』「신해품」에

치(癡) 어리석어 밖으로 나가 거지 생활을 하고 있는 아들에게 장자인 아버지가 아들을 찾아 자기가 아버지라는 것을 믿게 하는데 50년이 걸렸다.

이렇게 밖으로만 찾아 헤매고 있는 중생의 무지(無智) 때문에, 주객(主客)이 전도(顚倒)되어 마왕(魔王)인 파순이의 아들에게 육문성(六門城)(안이비설신의)을 내주고 객(客)인 마구니가 안방에 자리 잡고 주인 행세하며 본래 심왕(心王)인 참나(眞我)는 뒤 골방으로 쫓겨나 수천 생을 타향살이를 하고 있는 것이 중생이다.

마치 미물인 연어가 머나먼 알라스카 해안에서 GPS도 없이 갖은 고난과 역경을 이겨내고 남대천에 회귀(回歸)하여 알을 낳고 그 생(生)을 마감 하듯이. 우리 불자(佛子)도 경계에 끄달려 밖으로 향하는 마음을 "이뭣고"로 공적영지(空寂靈智)한 본래 참 성품으로 귀환(歸還)시켜 꼭 육도의 생사 굴레에서 벗어나는 것만이 일대사인연(一大事因緣)이다.

섭심귀공(攝心歸空)이라.

마음을 거두어 본공(本空)으로 돌아가면 생사(生死)가 이것이요, 이것이 생사(生死)가 없는 소식이다. 생(生)도 시(是)요, 사(死)도 시(是)요, 두두물물(頭頭物物)이 모두 시(是)인데, 우리 중생은 미혹(迷惑)해서 밖의 경계에 끄달림에 바빠서 생사(生死)가 없는 불성(佛性)자리인 시심마(是甚麼) "이뭣고"를 살려 쓰지 못하고 생사 속에서 헤매고 있는 것이다.

자성공양(自性供養)의 공덕(功德)

육조 스님께서 공덕(功德)에 대하여

안으로 성품(性品)을 보는 것이 공(功)이요, 평등(平等)이 공(功)이니 생각 생각에 막힘이 없어서 항상 본성의 진실한 묘용(妙用)을 보는 것을 이름 하여 공덕(功德)이라 하느니라.

안으로 마음을 겸손히 하고 낮추는 것이 공(功)이요, 밖으로 예(禮)를 행함이 덕(德)이며, 자성(自性)이 만법을 세우는 것이 공이요, 마음 자체가 생각을 떠난 것이 덕이며, 자성을 떠나지 않음이 공이요, 쓰지만 물들지 않는 것이 덕이니라.

만약 공덕법신을 찾으려면 다만 이렇게 하는 것이 참 공덕이 되는 것이니, 그에 의지해야 하느니라.

마음으로 늘 남을 업신여기고 '나'라는 생각이 끊어지지 않으면 곧 그것이 스스로 공(功)이 없는 것이며 자성(自性)이 허망하여 진실하지 못하면 곧 그것이 닥(德)이 없는 것이다.

선지식이여, 생각 생각에 간격이 없는 것이 공이며, 마음이 평등하고 곧은 것을 행하는 것이 덕이다. 스스로 성품을 닥아 가는 것이 공이요, 스스로 몸을 닦는 것이 덕이다.

공덕(功德)은 다만 자성을 안으로 보는 것일 뿐, 보시나 공양으로 구해지는 것이 아니다.

설사 시방세계에 가득 찬 음식과 금은보화로 시방세계의 부처님께 공양을 올리면, 그 공덕이 크다 하겠으나, 그 많은 공덕도 고통(苦痛)을 받고 있는 중생을 잠깐 도와준 공덕(功德)에 비하면 억만 분의 일도 못된다.

그렇지만 자성공양(自性供養)을 하는 사람 앞에는 백천 제불의 칭찬은 감히 꿈에도 못하고 3천리 밖으로 물러서지 않을 수 없는 것이다. 왜냐하면 이것만이 생사법(生死法)에서 벗어날 수 있는 유일한 길이기 때문이다.

영명(永明) 선사께서

"널리 세상에 참선을 권하노니, 설사 듣고 믿지 않더라도 성불(成佛)의 종자(種子)는 심었고, 공부를 하다가 성취를 못하여도 인간과 천상의 복은 훨씬 지나간다." 하였다.

하늘에 빛나고 있는 태양은 구름은 녹일 수 없으나 구름 밑에 있는 얼음(氷)은 녹인다.

다겁생래로 쌓아놓은 업장(業障)또한 우리가 녹여야 할 영원한 숙제인 것이며, 아무리 천태양(千太陽) 보다 밝은 지혜광명이 빛나고 있지만 업장소멸이 안되면 쓸 수 없는 것이다.

우리가 생활 속에서 "이뭣고"로 무명(無明)의 근본 뿌리인 한 생각을 알아차리고 잘라 버리는 것이 참된 수행이고, 내 안의 마구니에 의해서 녹슬어 가고 있는 불성(佛性)을 살려 쓰며 생사해탈을 이루는 최첨단 핵무기가 자성공양인 "이뭣고"인 것이다.

깨달은 자의 사후(死後)

깨친 자는 자유자재하여 중생처럼 업식(業識)에 어둡지 아니한다. 전등록에 온조상서가 규봉(圭峰) 스님에게, 이치(理致)를 깨달은 사람은 수명(壽命)이 다하면 어디에 의탁하는가? 하고 물었다.

이에 "일체 중생이 모두 신령스럽게 밝은 각성(覺性)을 갖추고 있어 부처와 다름이 없으므로, 그 바탕이 곧 법신불(法身佛)임을 굳게 믿고 깨달으면 본래 스스로 생(生)이 없는데 무슨 의탁할 때가 있겠는가?" 하였다.

각성(覺性)은 신령스럽게 밝고 어둡지 않아 항상 분명히 알며, 생불생(生不生) 사불사(死不死)라, 태어나도 태어난 것이 아니요, 죽어도 죽은 것이 아니며, 어디서 오지도 않았고 어디로 가지도 않는다.

다만 공적(空寂)으로서 자체를 삼고 육신(肉身)을 인정하지 말며,

신령스런 앎, 영지(靈智)로서 자기 마음을 삼고 망념(妄念)을 인정하지 말라.

망념(妄念)이 일어나도 찰나에 "이뭣고"로 그 뿌리를 잘라 버리고 전혀 따르지 않으면 목숨이 마칠 때도 저절로 그 업(業)이 얽어맬 수 없고, 중음(中陰)에 있더라도 가는 곳이 자유로워 천상(天上)이나 인간(人間)에 마음대로 의탁한다. 이것이 곧 진심(眞心)이 죽은 후에 가는 곳이다.

사자교인(獅子咬人) 한로축괴(漢盧逐塊)라.

"흙덩이를 던지면 개는 그 흙덩이를 쫓아(밖으로)가지만, 사자는 던진 사람(根本)으로 달려든다."는 말이다.

온갖 생각(妄想)을 쫓아 경계에 끄달려 가지 말고, 생각의 뿌리인 마음을 "이뭣고"로 회광반조(廻光返照)하라는 말이다.

한 몸속에 있으면서도 머리로 헤아리는 분별심(分別心)에서 내 가슴속의 본각(本覺)자리에 이르는 가장 길고 먼 여행을 금생에 "이뭣고"로 끝내야 생사고(生死苦)인 육도윤회의 바다에서 벗어나게 되는 것이다.

부설거사의 사부송(四浮頌)에

첫째로는 처자권속이 아무리 많고, 금이며 옥이며 비단이 산더미와 같이 많이 쌓였더라도 임종 시에는 고혼만 홀로 가니 생각하

면 다 허망해서 뜨고 뜬 것이고.

둘째로는 날마다 분주하게 출세 길에 바쁘다가 벼슬이 겨우 높아지면 이미 인생은 백발이더라, 그래서 황혼 길이 가까운데 염라대왕이 사람의 벼슬 높은 것을 두려워하지 않으니 생각하면 다 허망해서 뜨고 뜬 것이고.

셋째로는 마음씨가 곱고, 말 잘하기를 우레와 같은 사자후로 글을 잘 쓰고 감정이 풍부한 시(詩)와 문장으로 천하 사람을 웃기고 울려서 가볍게 보더라도 다생을 두고 나(我)다 하는 아만심(我慢心)만 더할 뿐 자기의 생명을 자유로이 못하니 생각하면 허망해서 뜨고 뜬 것이다.

넷째로는 설법(說法)을 잘해서 구름과 비(雨)와 같이 막힘이 없고 거룩해 하늘에서 꽃비가 내리고 돌이 머리를 조아리더라도(어떤 법사가 어찌나 법문을 잘하는지 그 법사가 법문(法問)을 하면 돌장승이 머리를 끄덕였다는 고사) 마른 지혜로는 능히 생사(生死)를 면치 못하나니 생각하면 허망(虛妄)해서 뜨고 뜬 것이다.

이렇게 우리 중생은 무상(無常)한 것에 목숨을 걸고 귀중한 생명을 헛되이 보내고 있는 것이다.

칠불통게 (七佛通偈)

　당나라 백낙천 (거사)가 항주자사로 있을 때 늘 나무위에 새둥지 처럼 움막을 짓고 살고 있는 도림선사를 찾아가 여하시 (如何是) 불법대의 (佛法嫡嫡大意)?

　"불법의 깊고 큰 뜻은 무엇입니까?"

　제악막작 (諸惡莫作) 중선봉행 (衆善奉行) 자정기의 (自淨其意) 시제불교 (是諸佛教)

　"모든 악을 짓지 말고, 많은 선을 행하며, 스스로 마음을 깨끗이 한다면 그것이 곧 부처님의 가르침이오." 하니 크게 실망하고 "그거야 불자라면 누구나 아는 이야기 아니오." 하니

　"그렇지만 팔순이 넘은 노인도 행하기는 어렵지요." 하였다.

　"나무 위에 앉아 계시는 선사님 계시는 곳이 위험하지 않습니

까?"

그러자 "당신이 더 위험합니다." 하였다.

백낙천은 크게 깨닫고 자리를 떠났다고 한다.

우리의 삶속에서 진실로 위태로운 것은 때와 장소와 환경이 아니고, 늘 분별(分別)과 식심(識心)에서 벗어나지 못하고 헐떡이며 살아가는데 있는 것이다.

달마대사의 이입사행(二入四行)에서 먼저 이입(理入)이란 이치(理致)를 깨쳐 안심(安心)을 얻는 것인데, 경계에 끄달리지 않는 부동심을 얻는 선법(禪法)인 벽관(壁觀)을 통해 차별상을 여읜 진여일심(眞如一心)과 하나가 되는 것이다.

다음에는 행입(行入)인데, 어떠한 괴로움이 닥쳐도 그것을 자기의 업보(業報)로 받으며 참회하는 보원행(報冤行), 고통과 즐거움, 득(得)과 실(失)등을 인연에 의한 것이라고 관(觀)하는 수연행(隨緣行), 일체 만유는 공(空)이며, 현실의 세계는 무상함을 깨달아서 구(求)하거 채우려 하지 않는 무소구행(無所求行), 공관(空觀)에 입각해서 행하는 육바라밀인 칭법행(稱法行)이다.

최상(最上)의 불법은 모든 선악(善惡)을 초월한 가운데 선(善)을 행(行)하며, 자정기의(自淨其意)라, 생활 속에서 "이뭣고" 수행으로 공덕과 지혜를 함께 닦고 금생에 생사고(生死苦)에서 벗어나는데 있는 것이다.

백척간두진일보(百尺竿頭進一步)

일본 신화(神話)에 하늘로 날아간 "고이"라는 물고기가 있다.

잉어과인 이 물고기가 불가능한 도전(挑戰)을 시도하기로 결심한다. 강물을 역(逆)으로 거슬러 올라 갈 때까지 올라가 보는 목숨을 건 결단이다. 고이는 매 순간을 집중하여 드센 물결을 헤치며 사투(死鬪)를 계속한다. 때로는 지치면 다른 물고기들처럼 흘러가는 강물에 몸을 맡기고 한없이 흘러가고도 싶다.

고이는 도도하게 흐르는 이 강물이 어디서 출발했는지 알고 싶었다. 고이는 뾰쪽한 돌에 부딪혀 피가 나고 다른 포식 어류들의 공격에 노출 되지만, 이 강물의 원천(源泉)을 향해 외로운 여행을 하고 있는 것이다.

이렇게 상류로 올라갈수록 물살은 더욱 거세지고 고이의 체력이

고갈되고 있을 때, 고이를 철저하게 좌절시킬 만한 끝이 보이지 않는 거대한 폭포수가 앞을 가로 막는다.

여기에서 고이는 불가능한 창의력(創意力)을 끌어낸다.

"내가 비록 물고기이지만, 물고기이기를 포기하겠다. 마치 올챙이가 개구리가 되는 것처럼, 지느러미와 꼬리를 날개로 만들어 단숨에 폭포위로 날아가면 되지 않는가!"

고이의 자기 믿음이 그 순간에 그를 한 마리의 용(龍)으로 변용시켜 버린다.

고이의 신념(信念)이 기적(奇蹟)을 이루어낸 것이다.

고이는 그 강물의 속박으로부터 벗어나 발밑에 아련하게 사라지는 폭포수를 눈물로 바라보며 하늘을 훨훨 나는 자신을 발견한다.

신념(信念) "이뭣고"는 사람의 정신과 우주(宇宙)의 무한한 지혜(智慧) 사이를 연결해 주는 가교(架橋)이다. 그리고 인간의 정신이 성장하는 비옥한 정원이며 그 속에서 인생의 모든 부(富)가 생산된다.

"이뭣고"는 소위 기적(奇蹟)이라는 것, 즉 논리나 과학으로 설명할 수 없는 수많은 신비의 근원(根源)이며, 평범한 사고의 에너지를 영적(靈的) 수준으로 변화시키는 원동력(原動力)이다.

이러한 행위를 현실화하기 위해서는 대단한 용기(勇氣)와 인내(忍耐)가 수반 되어야 하지만, 그 유일한 신무기(新武器)가 바로 "이뭣고"이다.

당신은 시류(時流)에 떠내려가는 맥없는 피라미로 살 것인가?

아니면 신념(信念) "이뭣고"로 뭉쳐진 성공신화(成功神話)의 활용(活龍)으로 우리의 생사 없는 본고향인 자성불(自性佛)자리로 환지본처 할 것인가?

강(江)물이 높은 산(山)에서 시작하여 마을과 들판과 큰 강을 지나 사막에 이르게 되었다.

강은 사막에 흘러 들어가면 자신의 존재가 곧바로 사라진다는 것을 알게 되어 공포에 휩싸이게 되는데, 그때 사막 한가운데서 "바람이 너를 건널 수 있게 할 수 있다고"하는 소리가 들려온다.

"고이와 같이 네가 강물이라는 아상(我相)에서 벗어나 그 바람에 너 자신을 맡기면 너를 증발시켜 가벼운 구름으로 만들어 수 백리 산을 넘고 날아가 너를 광활한 바다에 옮겨줄 것이라고."

백척간두진일보(百尺竿頭進一步) 시방세계현전신(十方世界現全身)이라.

"백 척이나 되는 장대 끝에 올라갔으면 "이뭣고"로 한걸음 더 나아가라." 그러면 거짓 나를 진아(眞我)로 착각(錯覺)함으로서 오는 죽음의 공포에서 내가 본래 부처라는 굳은 믿음으로 "이뭣고"하면 그 자리가 바로 생사(生死)가 없는 해탈열반의 본고향인 것이며, 생사(生死) 바다의 물결이 천파만파 온갖 모습으로 물결친다 해도 바닷물의 본질은 그대로 불생불멸(不生不滅)인 것이다.

인과
(因果)

전백장(前百丈) 후백장(後百丈)

백장(百丈)스님이 하루는 법상(法床)에 올라 법(法)을 설하시고 나니 모든 대중들은 다 돌아 갔는데 한 노인만이 남아 있기에 백장 스님이 물었다.

"그대는 왜 돌아가지 않는가?" 하니 "나는 본래 사람이 아니고 여우이며 전생에는 본시 이곳의 당두(堂頭)였는데, 어느 날 어떤 학인이 나에게 묻기를 "크게 수행한 사람도 인과(因果)에 떨어집니까, 떨어지지 않습니까?" 하여 나는 "인과에 떨어지지 않는다. 즉 불낙인과(不落因果)라고 답했는데, 곧 이 대답으로 타락하여 오백년 동안 여우의 몸을 받아 벗어날 길이 없습니다. 청컨대 스님의 자비심으로 제도하여 주십시오." 라고 하였다.

백장 스님께서 "그대가 나에게 물어 보아라" 하시니 "스님께 문겠습니다. 크게 수행한 사람도 도리어 인과(因果)에 떨어집니까, 떨어지지 않습니까?" 하고 물으니 백장 스님이 답하기를 "인과에 어둡지 않다. 즉 불매인과(不昧因果)"라고 하였다.

노인이 이 한마디에 크게 깨쳐 곧 삼배하고 이르기를, "이제 스님의 말씀을 듣고 그로 인하여 제가 여우의 몸을 벗고 뒷산 바위 아래에 있으니 바라건대 스님께서는 승(僧)의 법도에 따라 장래를 치러 주십시오."하여 그 이튿 뒤에 백장 스님은 뒷산에 가서 죽은 여우를 발견하고 중의 장례법으로 화장하였다. 이 여우가 저백장(前百丈)으로 말 한마디 잘못하여 오백생의 여우의 몸을 받았다가 후백장(後百丈)의 불매인과라는 한마디에 업보신(業報身)을 벗게 된 것이다.

해인초신(海印超信)의 송(頌)

불매(不昧)와 불락(不落)이라 한 말은 두 가지 모두 착각(錯覺)이로다.

취하고 버리는 마음 잊지 못하고, 망상분별로 이리저리 헤아리며, 말의 자취에 집착하여 얽매이니, 끈도 없는데 스스로 묶이는 구나. 막힘없이 트인 드넓은 허공(虛空), 그 어디서 더듬으며 찾을 것인가!

봄이 되면 꽃이 피고, 가을 오면 나뭇잎 떨어질 뿐이라네.

착각이다. 착각이야! 보화가 방울을 흔든 뜻을 누가 알리요.

불매라는 말을 듣고 여우의 몸에서 벗어났다는 구절을 그대로 긍정하면 착각(錯覺)이라는 말이다.

보화는 항상 저잣거리를 떠돌면서 방울을 흔들며 이렇게 게송을 읊었다.

"분명한 태도로 다가오면 분명하게 때리고, 무분별한 태도로 다가오면 무분별하게 때리며, 사방팔방에서 무리지어 다가오면 회오리바람처럼 휘들며 때리고, 허공에서 다가오면 도리깨질하듯이 때려 주리라."

"착각이다. 착각이야"라는 말은 불락도 착각이요 불매도 착각이니, 이 모든 것이 보화가 방울을 흔들며 읊은 게송의 뜻과 같은 것이다.

학승이 대주혜해 선사에게 물었다.

"일심(一心)으로 수행하면 과거의 업장(業障)이 소멸됩니까?"

대사가 답했다.

"깨쳐 성품(性品)을 보지 못하는 이는 소멸되지 않거니와 성품(性品)을 본 사람은 해(日)가 서리를 비친 것과 같다. 또 성품을 본 사람은 수미산 같이 쌓인 풀 더미를 별(星)만한 불덩이 하나로 태울 수 있는 것 같나니 업장(業障)은 마른 풀 같고 지혜(智慧)는 불과 같다." 하였다.

"내가 누구인가?" 나를 찾는 공부에는 인과(因果)도 따를 수 없는 것이다.

용시(勇施)비구

용시범중오무생(勇施犯重惡無生) 조시성불우금재(早是成佛于今在)
라.

"용시비구는 중죄(重罪)를 짓고도 무생(無生)의 도리(道理)를 깨달
아 성불(成佛)하여 지금에 있음이로다." 하였다.

옛날 무구장여래라는 부처님이 계실 때 용시(勇施)라는 비구가
있었는데, 매우 인물이 출중하여 그를 사모한 젊은 여인이 마침 병
석에 눕게 되자 마침 용시 비구가 탁발을 왔으므로 그 여인을 위해
설법을 청하면서 자주 드나들게 되었다. 여인의 병은 차츰 나아지
게 되면서 음심(淫心)이 올라와 둘이서 공모하여 남편까지 살인하
게 되었다. 나날이 번민 속에 살다가 비국다라보살을 찾아가 진심
으로 진참회를 구(求)하고 본래 낳고 죽음이 없는 공도리(空道里)를

깨달아 성불(成佛)한 것이다.

　욕망과 번뇌 망상으로 음행(淫行)과 살인(殺人)까지 범했지만 부처님의 가르침을 듣고 무생도리(無生道理)의 깨달음을 얻고 나면, 불견일법즉여래(不見一法卽如來) 요즉업장본래공(要卽業障本來空)이라, 깨닫고 나면 업장도 본래 공(空)하고 우리의 자성(自性)자리에는 일체의 죄(罪)나 복(福)이니 하는 이런 차별상(差別相)이 없는 것이다.

　육근(六根) 육경(六境) 육식(六識)으로 인식(認識)되어 알아차리면 분별이 생겨 좋고 싫은 고락(苦樂)으로 인한 인과(因果)의 고통이 따르게 되는 것이다.

　그러므로 이러한 알음알이의 분별의식(分別意識)이 전혀 없는 상태를 한 법(法)도 없다는 것이니, 이를 여래(如來)라 한다.

　예로 거울에 비치는 모든 것은 비춰지기는 하나, 그것은 실체(實體)가 아니어서 고락시비(苦樂是非)를 할 필요가 없다. 세상을 보는 마음도 거울과 같이, 있는 그대로 보고 들을 뿐 분별(分別)하는 감정을 떠난 것과 같다는 말이다. 그래서 방득명위관자재(方得名爲觀自在)라, 이렇게 마음에 걸림이 없다하여 관자재(觀自在)라 한다.

인면창(人面瘡)

당나라 때 오달국사(梧達國師)는 출가 계행(戒行)을 잘 지키고 언제나 자비심을 갖고 화(禍)를 내지 않았으므로 대중스님들이 그를 간병(看病)의 소임을 보게 하였다.

그러던 어느 날 성질이 괴팍한 노스님 한 분이 왔는데, 문둥병 환자로서 피고름이 줄줄 흐르고 악취 또한 지독한데 자기의 요구대로 해주지 않으면 주먹으로 때리고 갖은 욕설을 퍼부어대는 대도 신경질이나 말대꾸 없이 열심히 보살펴주니 3개월쯤 후에 완쾌되어 떠나면서 "자네가 40세가 되면 나라의 국사(國師)로 뽑혀 천하를 호령하게 되며 임금님과 같이 봉연을 타고 다니고 좋은 음식과 의복을 입고 사람들의 존경을 받게 되나 아만심(我慢心)을 갖게 되면 큰 고통을 받게 될 테니, 그때 잊지 말고 다룡산 큰 소나무 밑에 있는 영지(靈池)로 찾아오면 나를 만날 수 있느니라."고 하였다.

그 후 그 간병을 한 스님은 문둥병 노스님 말씀대로 국사가 되었는데 시간이 흐르다 보니 자연히 배가 나오고 목에 힘이 들어가게 되었다.

그런데 하루는 아무런 까닭 없이 넓적다리가 쓰리고 아파오기 시작하더니 아픈 부위가 점점 커져서 주먹만 하게 되었고 그 혹에 사람의 얼굴과 똑같이 눈, 코, 입이 생겨났고 걸을 때마다 통증이 생기므로 얼굴이 일그러져 국사의 체면이 말이 아니었다.

며칠이 지나가자 그 아픈 다리에서 이상하게 사람소리가 나는데, "야 오달아! 너 혼자만 좋은 음식먹지 말고 나도 봄 먹게 해다오. 그리고 걸을 때 제발 조심조심 걸어 아픔이 없게 해다오. 네가 다리를 절룩거리지 않으려고 억지로 걸음을 걸을 때마다 나는 얼굴이 당겨 견딜 수가 없구나." 하니 오달국사는 기절초풍하며 물었다.

"네가 도대체 누구이며 나와는 무슨 원한(怨恨)이 있어 이렇게 나를 괴롭히느냐?"

그러나 인면창(人面瘡)은 대답을 하지 않는다. 오달국사는 자기 권력을 이용해 명의를 불러 치료를 해보았지만 백약이 무효라 전에 문둥병 스님의 말을 기억하고 그날 밤으로 대궐 밖으로 몰래 나와 다룡산에 찾아가니 두 그루 소나무 아래 한 칸의 정자에 보호를 받았던 문둥병 스님이 앉아 계시니 인사를 올렸다.

"올 줄 알았다" 하시며 그 인면창을 저 밑 영지에 가서 씻으면 없어질 것이라고 하였다.

그런데 그 인면창이 우리의 관계를 밝힐 테니 잠시 가다리라고 한 후 "옛날 나는 한나라 경제(景帝)때 제상 조착이고 너는 오나라 제상 원앙이었는데, 네가 우리나라에 사신으로 와서 무고한 나를 황제에 참소하여 일곱 토막을 내어 나를 죽게 하였다. 그것이 철천 지원수가 되어 무려 천년동안 원한을 갚기 위하여 기회를 노렸는 데, 너는 세세생생 중이 되어 계행을 청정하게 잘 지키어 기회가 없 었으나 마침 네가 국사가 된 후 수행에 구멍이 나기 시작하여 이때 를 잡은 것이다.

네가 병든 스님을 지극정성으로 간병한 공덕(功德)으로 나 또한 그 스님의 가피를 입어 해탈하게 된 것이다." 하였다.

이 스님이 빈두로존자(賓頭盧尊者)이시다.

가사백천겁(假使百千劫) 소작업불망(所作業不亡)

인연회우시(因緣回遇時) 과보환자수(果報還自受)라.

"가사 백 천겁이 지나도 자기가 지은 업보는 없어지지 않는다. 언젠가 인연이 닥쳐오면 그 과보를 꼭 다시 받게 되는 것이다," 하 였다.

순현보(順現報) 금생에 지어 금생에

순생보(順生報) 금생에 지어 내생에

순후보(順後報) 금생에 지어 후생에

부정보(不定報)　언재 받을지 모르지만 때가 되면 받게 되는 과보
(果報)

이렇게 우리의 인과(因果)는 금생(今生)에 "이뭣고"로 깨쳐 업장
(業障)을 깨끗이 소멸시키지 않으면 인연회우(因緣會遇)시 꼭 그 과
보(果報)를 받게 되는 것이다.

『잡아함경』에 부처님께서

약인욕지전생사(若人欲知前生事) 금생수자시(今生受者是)

약인욕지래생사(若人欲知來生事) 금생작자시(今生作者是)라.

"만약 전생의 일을 알고자 한다면 금생에 내가 받고 사는 것이요,
내생의 일을 알고자 한다면 금생의 수행의 과(果)이니라." 하셨다.

우리가 태어날 때 누구나 전생에 지은대로 업보(業報)의 그릇을
가지고 태어나는데, 그 그릇 크기대로 살아가면 하는데 크기는 보
이지 않기 때문이다. 예로 커피 잔에 욕심으로 주전자의 물을 부어
넘치게 되니 하는 일마다 넘어지게 되는 것이다.

그 그릇은 업장이 소멸되는 만큼 커지게 되어 부어도 넘치지 않
게 되고 내생(來生)이 보장 되는 유일한 수행방법이 생활 속에서 누
구나 할 수 있는 "이뭣고"이다.

인욕
(忍辱)

인욕바라밀(忍辱波羅蜜)

멸아만시하심즉성불(滅我慢是下心卽成佛)이라.

"아상(我相)을 버리고 내가 최고(最高)다 라는 아만심에서 벗어나 머리가 땅에 닿게 낮추어 하심(下心)이 되어야 부처를 이룬다." 하였다.

중생은 불성(佛性)의 평등함을 망각(忘却)하고 타인에게 교만(驕慢)하고 경시하며 스스로 지고(至高)하다는 마음을 일으키며 자기만의 색안경을 끼고 온갖 시시비비를 만들어낸다.

『원각경』에 이환즉각(離幻卽覺)이라, "이러한 환영을 여의면 그대로 깨침이다." 라고 하였다.

『화엄경』「십행품」(十行品)에 육바라밀 중 인욕바라밀이 세 번째

인데, 인욕이 주(主)바라밀이고 나머지는 보조(補助)적인 바라밀이라 하였다.

남에게 모욕과 곤욕을 당하면서도 참고 인내(忍耐)한다는 것은 가장 극복하기 어려운 수행이다.

수행자는 어떠한 경우에도 화를 내거나 분노를 폭발하면 성불(成佛)자체가 한순간에 무너져 버리는 것이다.

우리가 생활 속에서 수시로 일어나는 한계에 이르는 참을 수 없는 어떠한 고통과 모욕 등을 바로 알아차리고 "이뭣고"로 그 뿌리를 잘라 한 박자 쉬지 못하고 전생에 자기가 지어 업장(業障)속에 쌓아 놓았던 인습(因習)을 여과 없이 재연(再演)하여 감정이 극한 충동으로 이어져 평생을 속박되어 길게 후회의 나날 속에 살게 되는 것이다.

『금강경』(金剛經)의 인욕바라밀(忍辱波羅蜜)

여아석위가리왕(如我昔爲歌利王) 할절신체(割截身體) 아어시(我於爾時) 무아상(無我相) 무인상(無人相) 무중생상(無衆生相) 무수자상(無壽者相)

"옛날 가리 왕에게 몸을 베이고 마디마디 사지를 찢길 적에 무아(無我)인데, 나라는 생각이 있었다면 응당 성내고 원망하는 마음을 내었을 것이니라." 하였다.

모든 화(禍)는 '나'라는 아상(我相)이 만들어 내는 것이다.

한산 시에

진시심중화(瞋是心中火) 능소공덕림(能燒功德林)

욕행보살도(欲行菩薩道) 인욕수직심(忍辱誰直心)이라.

"성내는 마음인 분노는 탐 진 치(貪瞋癡) 삼독심(三毒心)에서 나오는 마음속의 불이라서 조금씩 쌓아놓은 공덕의 숲을 태워 민둥산을 만들어 버린다는 것이다."

이 화(禍)를 억지로 참고 마음속에 눌러놓으면 그대로 의식(意識) 속으로 자리 잡아 각종 질병의 원인이 되는 스트레스는 물론 업(業)이 되는 것이다.

수적석천(水滴石穿)이라, 처마 밑의 낙수물이 바위를 뚫듯이, "이 뭣고"수행을 꾸준한 인내심(忍耐心)으로 해나가면 크게는 금생에 꼭 업장소멸을 이루어 생사(生死)가 없는 본래(本來) 진면목(眞面目)과 하나를 이루게 되는 것이다.

견서사자게 (堅誓獅子偈)

무수겁(無數劫) 전에는 사자(獅子)도 말을 할 수 있던 때가 있었는데, 벽지불(辟支佛), 아라한도(阿羅漢道)를 성취한 도인(道人)의 설법장에 금색 찬란한 털을 가진 금모사자(金毛獅子)가 공손히 무릎을 꿇고 앉아 법문을 듣고 있었다.

마침 한 포수가 사냥을 나와서 설법장소를 지나가던 중 금모사자를 보고, "내가 저 금모사자를 잡아 금색 찬란한 털을 왕자에게 바치면 큰 상금을 받을 것이다."라고 생각하였으나 괴력을 갖추고 힘이 쎈 영험 있는 사자를 함부로 잡을 수가 없기 때문에 꾀를 내었다.

포수가 마리를 깎고 가사를 빌려 입고 독(毒)화살을 숨겨서 금모사자 옆에 앉아 같이 법문을 듣다가 그 독촉으로 사자의 옆구리를 찔러 버렸다.

온몸에 독(毒)이 급속히 퍼져 나가자 아픔에 노여움과 사무치는 진심(嗔心) 때문에 한순간에 가사를 입은 포수를 덮쳐서 죽일 수도 있었지만, 포수가 가사를 입고 있으므로 "방삼보게(謗三寶偈)인 불법승삼보(佛法僧三寶)를 비방하지 말라."라는 법문이 생각나 차마 그럴 수가 없었다.

원자상신명(願自喪身命) 종불기악심(終不起惡心) 향어괴색복(向於壞色服)이라.

"원컨대 내 목숨이 끊어진다 해도 상대 특히 가사장삼을 입은 스님을 해치고자 하는 악심(惡心)을 품지 않겠습니다."하고 죽어가며 읊은 슬픈 노래가 인욕행(忍辱行)의 최고봉인 금모사자의 '견서사자게'이다.

법륜(法輪)을 굴려라

비여암중보(比如暗中寶) 무등불가견(無燈不可見)

불법무인설(佛法無人說) 수혜막능료(受惠莫能了) "등불이 없으면 어둠 속에 보배를 볼 수 없고, 불법이 아무리 심오(深奧)한 진리를 담고 있다 하더라도, 전법(傳法)해주는 사람이 없다면 어찌 배우고 깨쳐 불도(佛道)를 이루겠는가?"

『금강경』「지경공덕분」 제15에

"어떤 선남자 선여인이 아침, 점심, 또한 저녁때에도 항하사 모래수와 같은 많은 목숨을 받쳐 보시(普施)하며, 이와 같이 한량없는 백천만억 겁을 보시하더라도, 만일 어떤 사람이 이 경전을 듣고 진심으로 거슬리지 아니하면 그 복(福)이 저보다 수승하리니, 어찌 하물며 이 경을 베끼고 받아 지니며 읽고 외우며 남을 위해 해설해 줌이겠느냐." 하셨다.

하물며 최상승(最上乘) 근기(根機) 만이 수행할 수 있는 심법(心法)인 활구 참선법 간화선 "이뭣고"를 제가 불자들에게 전법(傳法) 하는 것이야 말로 무엇에 비교 할 수 있겠는가?

최상승 근기는 승속을 막론하고 지식의 높고 낮음을 떠나 남녀노소 누구나 일상생활 속에서 "이뭣고"를 수행하는 참불자를 말한다.

법륜(法輪)은 산스크리트어 다르마차트라(Dharma-Cakra)로 부처님의 가르침(法)을 수레바퀴(輪)에 비유하여 부처님의 가르침을 널리 펴 그 은혜(恩惠)에 보답(報答)하는 것을 불제자로서 제일의 요체(要體)로 삼는다.

핫타까 장자가 500명의 대중을 거느리고 부처님을 찾아 뵈니,

부처님께서 어떤 법으로 이끌어 가는가?

부처님께서 설(說)하신 사섭법(四攝法)입니다.

"장하다 장자여" 하셨다.

보살(菩薩)이 중생을 제도하기를 서원(誓願)하고 전법(傳法)하기 위하여 행하는 네 가지 기본 행위(行爲)이다.

보살은 스스로 깨달아 부처를 이루는 능력이 있음에도 이를 미루고 중생계에 머물 것을 원하여 일체의 중생을 먼저 깨달음의 세계로 이끄는 성인(聖人)으로 관세음보살, 지장보살, 미륵보살 등을

말하며, 누구든지 중생을 제도하여 성불(成佛)시키겠다는 원력을 세워 수행하는 불자를 보살이라 한다.

보시섭(布施攝): 첫째 재시(財施)로 재물을 기꺼이 베풀어 중생을 가난에서 구해주고, 둘째 법시(法施)로 『금강경』 한 구절이라도 모르는 중생에게 알려주는 공덕은 항하사 모래로 보탑(寶塔)을 쌓은 보시(布施)보다 더 수승하다 하셨다.

애어섭(愛語攝): 보살이 언재나 온화한 얼굴과 부드러운 말로 중생을 불교의 진리 속으로 들어오게 하는 행(行).

이행섭(利行攝): 보살이 자기 몸을 희생하여 어려운 일을 마다하지 않고 중생을 돌보며, 말과 생각으로 중생을 이익 되게 하고 선행(善行)을 베풀어 불도(佛道)에 들어오게 하는 것.

동사섭(同事攝): 보살의 동체대비심(同體大悲心)에 의하여 함께 일하고 생활하는 가운데 자연스럽게 교화(敎化)하는 것으로, 신라시대 원효대사는 거지와 땅꾼 등 소외받는 계층과 함께 생활 하면서 어린이와 노인에 이르기까지 무애가무(無碍歌舞) 춤추고 노래하시며 참된 가르침을 펴셨으며, 조선중기의 고승 언기 대사는 오도(悟道)한 뒤 양치기를 하면서 동물과 하나가 되는 수행을 닦았고, 숯과 물장수를 하며 대동강 변에서 걸인(乞人)과 고아들을 모아 함께 생활하면서 교화(敎化)하여 평양에는 거지의 모습을 찾아 볼 수가 없었다고 한다.

옛 말씀에

가사정대경진겁(假使頂戴經塵劫) 신위상좌변삼천(身爲牀座徧三千)

약불전법도중생(若不傳法度衆生) 필경무능보은자(畢竟無能報恩者)

"부처님 경전을 머리에 이고 수억 겁을 돌고, 평상과 의자를 몸으로 만들어 삼천세계에 두루 펼쳐놓아 중생을 편히 쉬게 하는 공덕(功德)도 하늘을 덮을 수 있으나, 부처님 가르침을 포교(布敎)하지 않으면 필경에는 부처님의 은혜를 갚지 못한 것이 된다." 하였다.

하루가 소중함은 부처님 제자로서 전법(傳法)할 수 있는 시간을 활용하는데 있다.

100만 배(拜)와 "이뭣고"

중생이 아만(我慢)에서 벗어나는 길은 거짓 나(我)인 제7말라식인 자아(自我)를 죽이고 본래 청정한 참나(眞我)가 되는 것이다.

그 자아(自我)는 대상(對象)과 연(緣)이 합(合)이 되었을 때 생기는 것이고, 그 반대이면 무아(無我)인 것이다.

또한 무명(無明)으로 참나를 모르고, 자아(自我)의 상(相)놀음에 머무르며 탐욕과 어리석음을 근본(根本)으로 삼아 항상 거짓 자기에 집착하게 된다.

뱁새는 깊은 숲속에 앉아 있어도 일지(一枝), 한 개의 나무 가지면 족하고, 고래가 대해(大海)의 물속에 산다 해도 그 배만 채우면 그만인 것이다.

무엇이든 자기의 그릇을 모르고 비우려 하지 않고 더 채우려 하는데서 화(禍)가 따르는 법이다.

　　또한 너무 많은 것을 지녔음에도 더 채우려는 자기 이익(利益)밖에 모르는 욕심이 강해 언제나 더 채우려는 만큼 가난한 삶을 사는 것이다.

　　무명(無明)인 내 한 생각이 내 자신의 습관을 익혀놓고 그 습관에 중독(中毒)되어 업(業)이 되면 그 업(業)이 육도의 세계로 나를 끌고 다니게 되는데, 즉 자기가 생각의 덫을 놓고 그 속에 갇혀 빠져 나오지 못하는 것이 중생의 허물이며 기약 없는 윤회(輪廻)인데, 연기(緣起)의 씨앗인 그 한 생각을 지우면 그 자리가 바로 그렇게 그리던 생사(生死)가 없는 내 고향(故鄕)인 것이고, 이러한 고장 난 생각들을 치유하려면 생각이 나온 그 근본(根本) 자리에서 "이뭣고"로 고쳐야지 생각 속에서 그 생각을 고치려면 뜬구름 잡으려는 것과 같이 생각의 업(業)만 더 쌓여지는 것이다. 그래서 나의 육근(六根)으로 인(因) 하여 다겁생래로 익혀진 습(習)(버릇)의 집에서 나오는 것이 진정한 출가(出家)이며 깨달음인 것이다.

　　누구도 대신 해줄 수 없는, 내가 아니면 누가? 지금 아니면 언제? 번뇌(煩惱)로부터 해탈(解脫)할 수 있는 수행(修行)을 할 수 있겠는가? 내가 하고 싶어도 해서는 안 되는 일이 있고, 하기 싫어도 꼭 해야 할 일이 있는 것이다.

잠간 머물다 가는 이 욕계(欲界)에 태어난 이상 얼마 남지 않은 시간에 비우고 또 비워서 생사(生死)에서 벗어나는 한 가지 수행(修行) 방법은 오직 "이뭣고?" 뿐이다.

『원각경』에

"즉심시불(卽心是佛)"이라 내가 본래 부처라는 진리(眞理)를 의심 없이 믿고 신심(信心)이 바탕이 되어 탐욕(貪慾)이 일어날 때 그 대상이나 마음의 욕망에 빠지지 말고, 탐욕의 근원을 "이뭣고?"로 녹이며, 괴로움, 즐거움, 슬픔, 기쁨 등의 경계에 직면할 때 염기즉각(念起卽覺), 각지즉무(覺知卽無)라. 그 생각이 일어나면 즉시 알아차리고 "이뭣고?" 하면 바로 지워 지면서 그 주체인 참나와 하나가 되며, 그것이 바로 참된 반야바라밀의 행(行)이 되는 것이며, 지혜광명을 생활 속에서 쓰게 되는 것이니 무엇을 밖에서 구(求)할 것이 있겠는가?

모든 근심은 애욕(愛慾)에서, 재앙은 물욕(物慾)에서, 허물은 경망(輕妄)에서, 죄(罪)는 참지 못해서 생긴다. 오늘 하루도 생활 속에서 인욕(忍辱)의 산(山)을 넘어 해탈(解脫)의 길로 가는 "이뭣고?"의 지혜(智慧)를 청(請)한다.

108배 효과

심위신주(心爲身主) 신작심사(身作心師)라,

"마음은 몸의 주인이고, 몸은 마음의 스승이라,"하였다.

평소에 몸과 마음이 하나가 되기 위해서는 꾸준한 자기 노력이 따라야 하며, 몸이 마음을 따라주지 않으면 이미 늦은 것이다.

절은 그 움직임 하나하나에 대 우주의 법이 깃들어 있으며 몸과 마음, 정신과 신체양면에 심원한 효과를 유도해 내고 있다.

그래서 "절"을 가리켜 "요가의 압축판"이라 한다.

세계적으로 유명한 요가 연구가 제임스휴이트(James Hewitt)에 의하면 "절"의 포즈 하나 하나는 요가 정수들의 집합이고 기본이 되는 내용들이라고 한다.

절은 최근 인체과학을 연구하는 학자들에 의하면 현대인들의 인체 가운데 잠재해 있는 '인체 정전기' 방출에 탁월한 효능이 있으며, 특히 각종 성인병 예방에 특효를 보이고 있음이 입증되고 잇다.

인체 내 정전기란 TV와 비교해보면 TV내 정전기를 빠른 시간 내에 밖으로 뽑아내기 위하여 TV는 꼭 '접지'(接地)를 시키는데 우리 인체 내에서는 접지된 부분이 발바닥인데 현대인들은 운동량이 부족한 탓으로 내장에 정전기가 차고 그 결과 내장열(內臟熱)이 높아져서 각종 질병을 초래하게 된다.

그런데 절은 오체투지를 통해 가장 짧은 시간 내에 내장 전기를 완벽하게 몸 밖으로 뽑아내는 수행방법이라고 인체공학 연구학자들은 말한다.

합장을 하면 좌우수합중(左右手合中) 음양상생(陰陽相生) 정기합의(精氣合義) 신명일통야(神明一統也) "좌우 손을 합장하게 되면 음과 양의 기운이 서로 생겨나 정기가 통하여 몸과 마음이 하나가 된다." 하였다.

또 이마를 땅에 대면 6,000억 개 두뇌 세포 가운데 축적된 두뇌 정전기가 거대한 지자기(地磁氣)에 흡수되므로 머리가 상쾌해지고 손바닥을 땅에 대면 지기(地氣)를 흡수하고 정전기가 방출되는 효과를 얻을 수 있다.

무릎을 굽힐 때는 대돈(大敦)혈 등 발가락 경락 전체가 자극됨으로써 오장육부가 맛사지가 되는 등 내장강화 및 두뇌건강에 탁월한 효과가 증명되고 있다.

또한 생명의 본질은 탄력성에 있기에 절을 통해 몸에 탄력성을 붙이게 되고 두뇌 회전이 빨라지는 효과가 있다.

또한 108배는 기혈순환을 원활하게 하는 경락운동으로 침, 뜸보다 효과가 있다고 한다.

또한 흐트러진 기운을 바로잡고 호흡과 마음을 다스린다.

무릎을 꿇고 펴는 운동을 하면 발에 흐르는 경락의 흐름을 자극하고 용천, 은백혈 등 좌우 361개의 혈 자리를 구석구석 자극하며 혈압과 혈당까지 내려가게 하는 효과가 있다.

정신적으로 머리온도가 내려가고 발의 온도가 올라가는 수승하강(水昇下降)의 효과로 화(禍), 분노(憤怒)등 스트레스가 사라진다.